AF367778

EUGÈNE GROSS

Faut-il faire le Transsaharien ?

Éditions Heintz frères

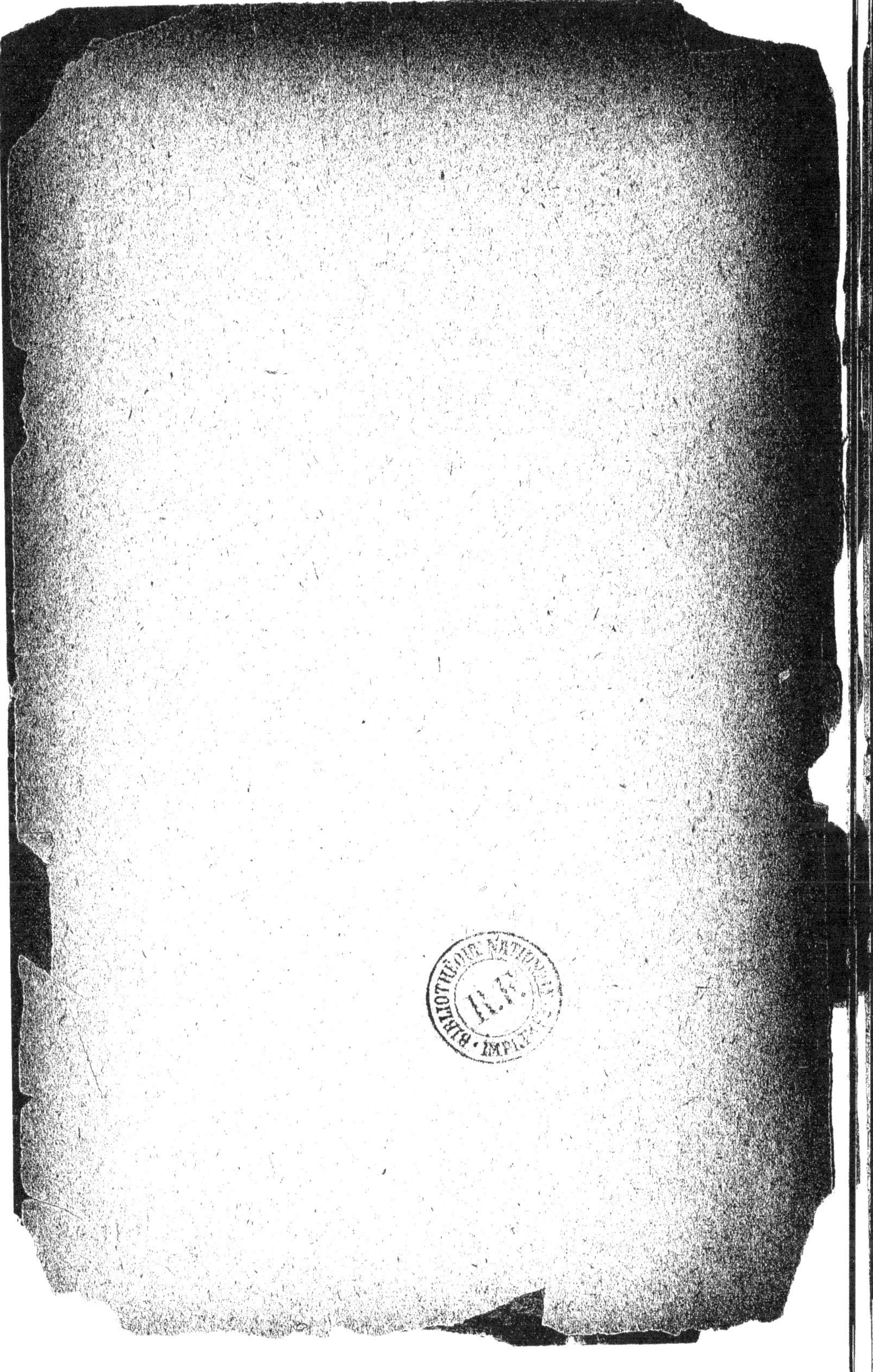

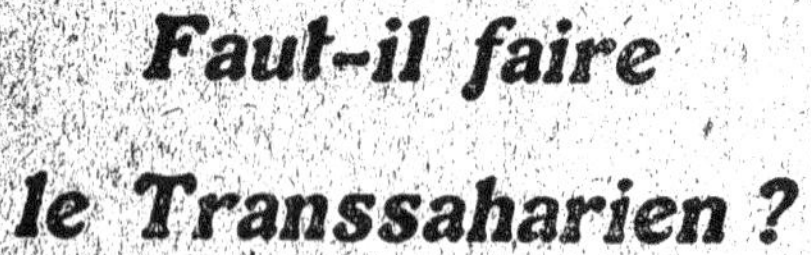

Faut-il faire le Transsaharien ?

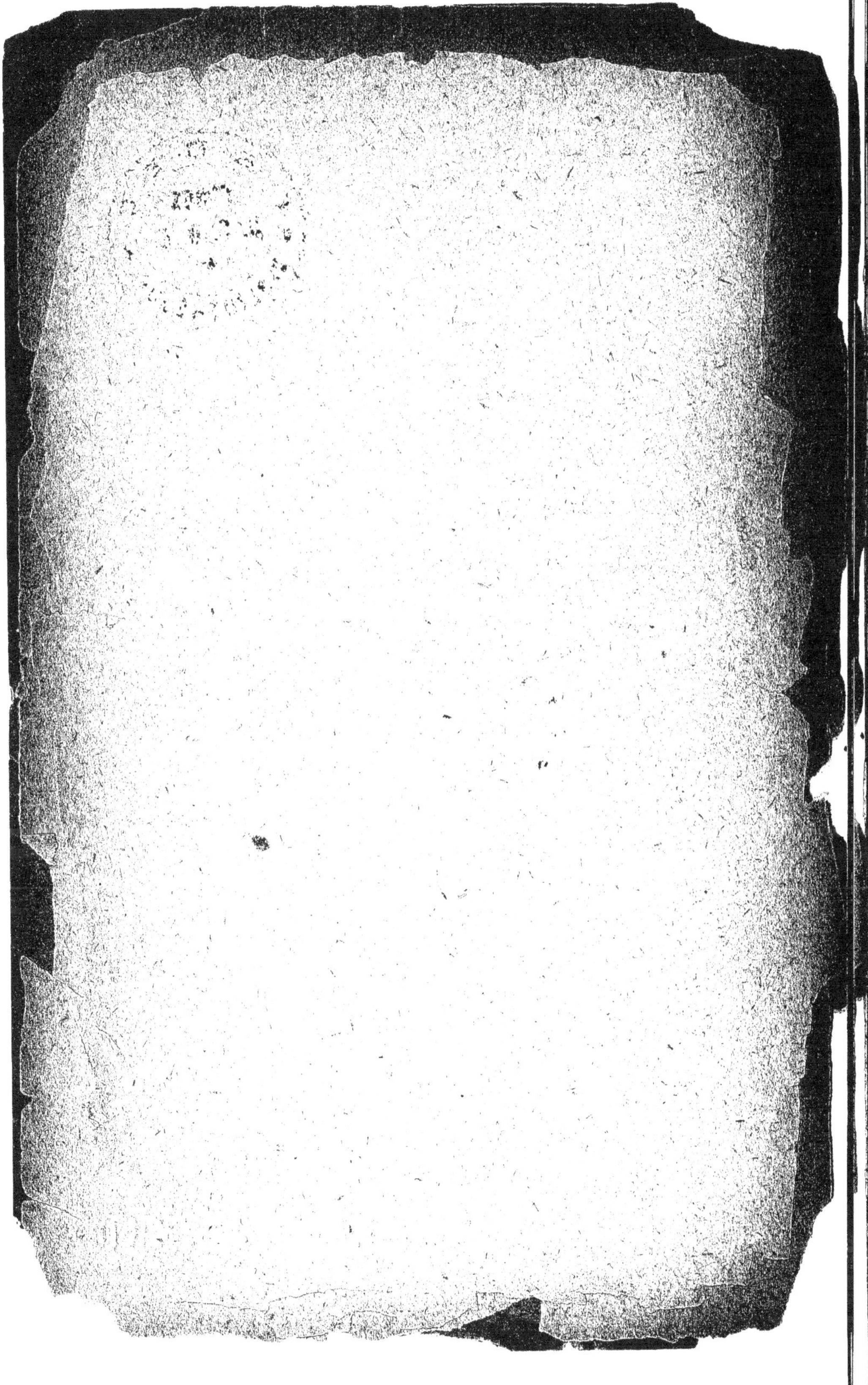

« *Le jour, prochain, il faut l'espérer, où elle aura réalisé le Transsaharien, la France de la Marne et de Verdun aura gagné pour l'Humanité une nouvelle victoire, moins sanglante, mais aussi belle que celles qui l'immortalisent à jamais.* »

MAURICE SARRAUT,

Sénateur de l'Aude.

PRÉFACE

Au début de l'année 1927, après le retentissant
voyage des missions algériennes au Niger, désireux
d'informer l'opinion algérienne de l'importance de
la question du Transsaharien et de préciser certains
aspects du problème plus particulièrement contro-
versés en Afrique du Nord, nous avions publié,
dans l'Echo d'Oran des 1er, 2, 3 et 4 février, une
série d'articles constituant un rapide exposé de
l'affaire du Transsaharien depuis ses origines jusqu'à l'intervention, en 1923, de l'avis du Conseil
supérieur de la Défense nationale, avis qui recom-
mandait expressément au Gouvernement une voie
ferrée partant d'Oran, sur la Méditerranée, et
aboutissant à Ouagadougou, dans l'Afrique occidentale.

Mais le plein succès du voyage des missions
n'avait pas eu d'échos qu'en Algérie. Il avait aussi
profondément impressionné l'opinion métropolitaine. La facilité et la rapidité de la traversée du
Sahara par la mission de la Chambre de Commerce
d'Oran, sous la conduite du si regretté René Estienne, avaient notamment apporté une véritable
révélation des réalités sahariennes. Aussi la Chambre de Commerce d'Oran, qui déploie une si louable
activité en faveur de la grande cause du Transsa-

harien, voulut-elle pousser plus loin notre effort de
propagande locale. Elle réunit notre série d'articles
en une brochure qu'elle adressa à tous les membres
du Parlement et à un certain nombre de personnalités et de groupements coloniaux.

L'intérêt soudain porté à tout ce qui concernait
le Transsaharien a fait que le premier tirage de
cette brochure s'est trouvé rapidement épuisé et
que de multiples demandes n'ont plus pu être
satisfaites. D'où la nécessité de procéder à un nouveau tirage.

Cependant, depuis février 1927, la question du
Transsaharien a progressé à pas de géant. Elle est
entrée dans le domaine des discussions courantes ;
on l'a examinée sous tous ses aspects dans tous les
grands groupements économiques et coloniaux ; on
l'a traitée à peu près dans toutes les revues, tous les
journaux ; on lui a consacré maints opuscules, voire
des livres. Le Parlement a déclaré la placer au premier rang de ses préoccupations.

Bien plus, le Gouvernement a affirmé sa volonté
de lui donner une solution dans le plus bref délai
possible. Seulement, par une étrange contradiction,
répondant à des sollicitations de couloirs, subissant
les intrigues de certains hommes politiques, il a,
en même temps, accepté de laisser de côté l'énorme
travail accompli en 1922-1923 par le Conseil supérieur de la Défense nationale et de reprendre les
études techniques « ab ovo », c'est-à-dire de se
remettre à la recherche du meilleur tracé. (1) S'il

____

(1) Cette décision remonte à octobre 1924. Elle n'incombe
donc pas au Gouvernement actuel.

persiste dans cette intention, ce sont encore deux ou
trois années de perdues pour aboutir inévitablement au résultat antérieur, car, une fois de plus,
le tracé par l'Ouest, la voie Oran-Ouagadougou,
s'imposera par ses supériorités financières, économiques et militaires. La résolution formelle du
Gouvernement, publiquement proclamée, de réaliser le Transsaharien, n'en conserve pas moins une
importance capitale.

Notre texte primitif a dès lors dû subir une large
mise au point, une nécessaire adaptation aux circonstances nouvelles. Aujourd'hui, il s'adresse plus
à l'opinion métropolitaine qu'à l'opinion algérienne.
Il n'en demeure pas moins un simple travail de
vulgarisation, systématiquement dépouillé de considérations trop techniques et dont le modeste but
est de montrer d'abord que le Transsaharien est une
œuvre d'un caractère national, ensuite qu'il est
aisément réalisable, enfin que le projet a été suffisamment étudié pour passer résolument à son
exécution, sans prolonger davantage la fâcheuse
querelle des tracés.

Eugène GROSS,

Secrétaire général de l' « Echo d'Oran ».

Faut-il faire le Transsaharien ?

I

Le salut de la France par les Colonies

Le « Français moyen » s'est longtemps, trop longtemps désintéressé des questions coloniales et si notre pays possède aujourd'hui ce vaste empire d'outre mer que lui envient tant de peuples étrangers, il le doit avant tout à la clairvoyance, au courage, à l'opiniâtreté d'une poignée d'hommes qui, de Jules Ferry à Eugène Etienne, affrontèrent et bravèrent l'outrage et la calomnie pour préparer, pour forcer les destins de la IIIme République (1).

On ne peut nier, en effet, que notre action coloniale s'est amorcée, s'est développée, s'est consolidée, durant de longues années, dans l'indifférence, voire dans l'hostilité de l'opinion publique. Les civils qui avaient l'audace de porter leur regard hors de France se voyaient inévitablement traités

_____

(1) L'incompréhension coloniale a d'ailleurs été de tout temps un travers du tempérament français. Elle nous a fait perdre, à plusieurs périodes de notre histoire, de vastes et riches possessions. Elle s'est de même manifestée au moment de la conquête de l'Algérie.

d'« agents à la solde de puissantes sociétés financières », de « trafiquants » et de « requins ». Les
militaires n'avaient nécessairement qu'une pensée,
qu'une ambition : glaner de nouveaux galons en
faisant couler le sang de nos soldats. Et comme
nous avons la déplorable manie de mettre la politique partout, comme nos partis sont perpétuelle-
ment en quête d'arguments « massue » pour
impressionner les foules, l'épouvantail des « con-
quêtes coloniales » a été un des pétards électoraux
les plus fréquemment utilisés.

Et, cependant, la France a eu son empire colonial. Il s'est constitué, organisé, harmonisé petit
à petit, d'un rythme lent et heurté, sous l'impulsion
d'une force supérieure aux jeux de la politique,
triomphant des résistances des partis, s'imposant
inexorablement aux Chambres et aux Gouvernements, comme si un mystérieux instinct de conservation poussait irrésistiblement notre Patrie vers
son expansion.

L'histoire de l'installation de la France au Maroc
est typique à cet égard et, si la postérité doit
recueillir un jour les mémoires de cet admirable
colonial qu'est le maréchal Lyautey, elle demeu-
rera stupéfaite de la succession des événements et
des fatalités par lesquels les hésitations, les timi-
dités, les indécisions de nos gouvernants, ont été
dépassées et entraînées à l'action.

Aussi les conditions et les circonstances mêmes
dans lesquelles s'est affirmée notre politique coloniale ont-elles empêché l'opinion publique d'y
prendre goût et de lui conférer ce caractère popu-
laire qui, en la plaçant au dessus des querelles des

partis et des rivalités des hommes, en eussent fait
une affaire nationale. Les créations coloniales sont,
par suite, demeurées l'œuvre de quelques indivi-
dualités exceptionnellement prévoyantes, de quelques groupements exceptionnellement entreprenants. Elles ont été aussi et surtout l'œuvre de nos
soldats et de nos fonctionnaires, de nos colons, qui,
vite pénétrés et emportés par la grandeur et la
noblesse de la tâche qui leur incombait, s'y sont
donnés de tout leur cœur et ont fondé et édifié
la splendide construction que la guerre devait soudainement révéler à l'opinion métropolitaine.

La guerre a effectivement bouleversé quelque peu
les connaissances et les sentiments du « Français
moyen » sur les colonies. Qu'il s'agisse de combattants, qu'il s'agisse de travailleurs pour les usines,
qu'il s'agisse de matières premières de toutes sortes,
il a constaté avec une surprise réjouie que « l'Autre
France » n'était réellement pas un mythe, qu'on
y avait fait « quelque chose » et que ce « quelque
chose » se manifestait par une puissante contri-
bution en hommes et en ressources à la défense
nationale.

La guerre a été ainsi l'éclatante justification de
l'apostolat des coloniaux. Elle a mis en évidence
l'erreur, le parti pris, l'aveuglement de leurs contempteurs. Elle a prouvé définitivement que les
colonies représentaient, pour la France, une réserve
de force et de prospérité.

La paix est venue ajouter encore à l'évidence de
cette démonstration. Du bouleversement économique universel, des perturbations financières qui ont

ébranlé tous les pays d'Europe, s'est dégagée la triste constatation que la solidarité des peuples ne survivait pas à la disparition du danger commun, que chacun d'eux ne pouvait plus compter, pour son relèvement, que sur ses propres énergies, sur ses propres forces, car l'âpre concurrence des intérêts domine comme jadis les relations internationales. Chacun pour soi et la Société des Nations pour tous....

La France, une fois encore, a du tourner ses regards vers ses colonies. Il y a eu, sur son territoire, de 1914 à 1919, une telle destruction de richesses que la victoire l'a laissée appauvrie, presque ruinée matériellement. Elle a eu beau se remettre au travail avec une ardeur et une foi qui, sans compter la reconnaissance qu'eussent du lui valoir ses sacrifices, méritaient qu'on lui fit confiance : elle n'a plus trouvé devant elle que des créanciers implacables, des rivaux qui, dans le domaine des affaires, ne font pas de sentiment. Elle n'avait plus ainsi qu'à attendre d'elle même, à rechercher chez elle même les moyens de reconstituer son économie et ses finances.

Mais qui oserait soutenir que la Métropole possède chez elle même tous ces moyens, est capable d'alimenter son industrie avec les seuls produits de son sol et de son sous-sol, est en état de pourvoir seule à tous les besoins de sa consommation, peut offrir seule à son commerce toute la clientèle, tous les débouchés qui lui sont indispensables, est en mesure enfin de déterminer, par l'activité de sa seule population, une circulation de richesses suffisante pour supporter, sans s'épuiser,

la charge de la totalité des impôts nécessaires
simultanément à l'entretien de la vie de la nation
et à l'extinction de sa dette ?

Elle est inéluctablement contrainte de développer ses relations économiques avec l'extérieur. C'est une question de vie ou de mort pour elle. Mais, à l'extérieur, il y a l'étranger et il y a, en même temps, les colonies françaises. Travaillera-t-elle avec l'étranger, ou travaillera-t-elle avec ses colonies ? Poser la question, c'est donner la réponse.

Tout pousse la France : sa situation monétaire, l'intérêt de sa production et de sa consommation, le souci de sa prospérité, à rechercher dans une mise en valeur intensive de son domaine colonial les éléments essentiels de son relèvement.

Elle y trouvera autre chose encore...

En dépit de sa bonne volonté, de ses concessions, de son désintéressement, rien ne lui garantit, à cette heure, une paix durable. Et, cependant, une redoutable crise de natalité l'affaiblit d'année en année au regard de ses voisins plus prolifiques ou mieux protégés contre la mortalité. Et, cependant, notre démocratie aspire chaque jour avec plus d'impatience à une diminution des charges militaires. Or, les colonies sont capables de donner à la France les soldats qui lui manquent, qui lui manqueront de plus en plus. On l'a vu de 1914 à 1918, l'armée coloniale n'est pas composée de fantômes ; elle constitue, pour l'avenir, un des éléments fondamentaux de la défense nationale.

Les colonies doivent ainsi être associées au redressement financier, à la reconstitution économique, à la protection des frontières de la Mère Patrie. Mais pour qu'elles puissent jouer efficacement leur rôle, pour qu'elles puissent remplir totalement leur fonction, encore faut-il les outiller solidement, les équiper rationnellement, les pourvoir de cadres français, tirer parti de leurs ressources, préparer leur exploitation à plein rendement...

Encore faut-il que l'affaire coloniale apparaisse bien à tous comme une affaire nationale, que la politique, que les partis n'en fassent plus un de leurs champs de bataille et que le « Français moyen », enfin convaincu que les colonies sont une autre partie de la France, leur porte attention et affection, se persuade qu'on y accomplit des créations bienfaisantes et profitables à la collectivité, ait enfin le désir de les connaître, puis, s'il est touché par la vocation, de s'y fixer.

Ah ! si nos populations métropolitaines, si notre jeunesse surtout, pouvaient acquérir, développer, entretenir en elles le sentiment colonial ! Quelles perspectives s'ouvriraient aussitôt pour la France ! Si elles voulaient seulement s'initier aux possibilités de l'Afrique française !

Car le grand avenir colonial de la France est en Afrique et, pour assurer cet avenir, il suffit de **FAIRE LE TRANSSAHARIEN...**

II

La France en Afrique

La France possède des colonies dans toutes les parties du monde, mais le plus important, le plus riche, le plus peuplé de son empire se trouve en Afrique.

Jetons un regard sur cette carte de l'Afrique :

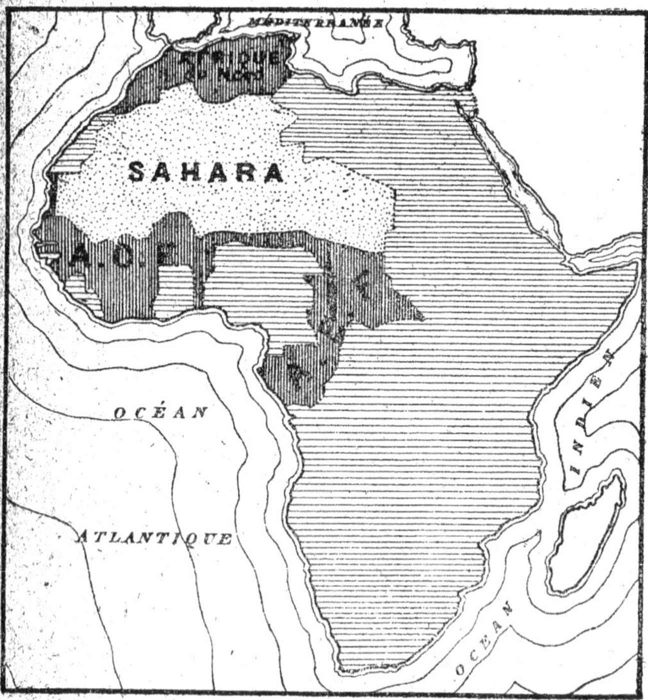

Si, partant de Tunis, nous traçons une ligne rejoignant le fleuve Congo au sommet de sa boucle, à Oubangui, si nous descendons le cours du fleuve jusqu'à la mer, si nous suivons ensuite, en remontant vers le Nord, la côte de l'Atlantique jusqu'au détroit de Gibraltar, enfin si nous suivons la côte de la Méditerranée pour aboutir à notre point de départ, à Tunis, nous aurons sensiblement délimité l'Afrique française.

Tout cela, toute cette énorme protubérance du continent africain dans l'Atlantique, hormis, çà et là, quelques légers empiètements et quelques enclaves, appartient à notre Patrie. Le domaine est vaste...

Mais si nous examinons encore la carte, nous remarquons que ce domaine est formé, du Nord au Sud, de trois zônes parallèles :

Au Nord, voici, du golfe de Gabès à l'Atlantique, la Tunisie, l'Algérie et le Maroc.

Au Sud, se développent successivement le Congo français, l'Afrique équatoriale, l'Afrique occidentale.

Au centre s'étendent les immensités du Sahara.

Tout cela se touche, tout cela se tient, tout cela forme un bloc. Et pourtant les zônes Nord et Sud sont aussi isolées l'une de l'autre que si un océan les séparait. Plus isolées même puisque, jusqu'ici, l'obstacle qui les sépare, le Sahara, était demeuré infranchissable, alors que les océans sont sillonnés par de nombreux navires qui font communiquer les uns avec les autres les divers pays.

Le Sahara ! Une légende d'horreur s'est attachée

à lui : gigantesque mer de sable, terre de feu, pays de la soif et de la mort, terre de désolation, inaccessible, impénétrable... Des générations et des générations ont accepté la légende. Aujourd'hui encore, pour le plus grand nombre, elle demeure une certitude. Elle a même été longtemps la vérité diplomatique et nous pouvons bien croire que si l'Angleterre nous a laissé prendre possession de la « panse » du continent africain, c'est qu'elle avait la conviction que jamais la France ne pourrait effectuer la soudure de ses possessions africaines, réaliser l'unité de son Afrique et que, comme le disait avec dédain lord Salisbury, le coq gaulois userait ses ergots à vouloir gratter les sables du désert.

Et pourtant, la légende du Sahara s'est écroulée après tant d'autres :

Une mer de sable ? Pas du tout. Le terrain dûr y domine largement ; on peut le traverser du Nord au Sud sur sol ferme.

Terre de feu ? Certes, pendant de longs mois, on y observe des températures très élevées ; il y règne une chaleur torride. Mais il existe, en Amérique, en Asie, sur plusieurs points du globe terrestre, des températures pareilles et pourtant des êtres humains non seulement y circulent, mais y vivent.

Pays de la soif et de la mort, terre de désolation ? Oui, pour quiconque voudrait séjourner dans sa partie désertique, sans végétation et sans eau, pour quiconque s'y aventure au pas lent des chameaux. Mais personne n'a jamais songé à en faire un pays de colonisation et, au regard de la position de la France en Afrique, la seule question utile est de savoir si le Sahara doit dresser à jamais une barrière infranchissable entre la Méditerranée et le Niger.

Or, là encore, la légende s'est écroulée : le Sahara est accessible, le Sahara est franchissable ; la démonstration en a été faite dix fois. On peut le traverser rapidement en automobile, et même sur une frêle motocyclette. Il a suffi aux frères Estienne, dont l'esprit d'initiative, le courage et la persévérance ont mérité toutes les admirations, de créer une organisation appropriée pour accomplir des prouesses qui ont bouleversé toutes les conceptions antérieures. En même temps qu'ils prouvaient la pénétrabilité du Sahara, ces bons ouvriers de l'expansion française démontraient la possibilité d'une jonction permanente des zones Nord et Sud de l'Afrique française. Où l'automobile est passée, où la motocyclette est passée, le chemin de fer, instrument de liaison idéale, peut passer et, du coup, se trouve totalement transformé, pour la France, le problème africain ; du coup, des perspectives immenses s'ouvrent devant elle. Du coup, des destins magnifiques, jusqu'ici estompés dans les brumes d'un rêve, se précisent et s'éclairent pour elle ; du coup s'affirme et se vérifie la parole de quelques hommes clairvoyants : l'avenir de la France est en Afrique.

L'Afrique, croyons le fortement, est la terre de demain ; elle offre au monde moderne les possibilités que le Nouveau Monde apporta à nos ancêtres. Il ne faut pas la voir dans son état présent ; on doit la pressentir, on doit l'imaginer dans son développpement futur, en se rappelant qu'elle a été le dernier continent ouvert à la pénétration européenne.

— L'Afrique ne s'est révélée qu'au XIXe siècle à la connaissance et à l'intérêt historique. Auparavant, sauf l'Egypte, Carthage et Alger et leur vieille histoire qui était plutôt de la Méditerranée, l'Afrique n'était qu'un obstacle sur les routes des Indes occidentales ou orientales, et on n'avait souci que d'en faire le périple, travail plus redoutable que ceux d'Hercule. On n'osait y pénétrer, elle ne paraissait peuplée que de monstres et d'être malfaisants. Voyez sur une carte l'état des connaissances géographiques sur l'Afrique il y a un siècle : on en ignorait le Niger, le Congo, le Zambèze, les sources du Nil ; on y indiquait les montagnes de la Lune et le Monomotapa.

« C'est un fait considérable dans l'histoire des hommes que la découverte de l'Afrique ; un jour il paraîtra d'aussi grande conséquence que celle de l'Amérique, car il s'agit aussi d'un nouveau monde, et nous nous trouvons aujourd'hui à son égard dans le même état d'esprit que nos ancêtres à l'égard de l'Amérique après les conquistadores espagnols et portugais, les Cabral et les Fernandez Cortez. C'est-à-dire que nous sortons à peine de l'âge héroïque (1) ».

Mais si l'Europe ne s'est avisée de « découvrir » l'Afrique que vers le milieu du XIXe siècle, elle n'a réellement compris toute son importance que

____

(1) Edouard Driault, préface à *La Question d'Afrique*, de M. Raymond Roze (1918).

beaucoup plus tard. C'est seulement à partir de 1880, en effet, que le problème africain a sollicité au fond l'attention de la diplomatie européenne et qu'ont commencé les controverses, les discussions, les négociations. Conférence et acte de Berlin (1884-1885), conférence et acte de Bruxelles (1889-1890), convention franco-anglaise de 1898-1899, convention franco-italienne de 1900 et 1902, accord franco-anglais et franco-espagnol de 1904, accord franco-allemand de 1911, accord franco-espagnol de 1912 ont marqué les étapes successives et souvent rudes à franchir de ce que l'on a appelé le partage de l'Afrique. Encore le statut qui était résulté de ces multiples tractations a-t-il encore été modifié par le traité de Versailles, en 1919, avec l'éviction de l'Allemagne du sol africain.

Tout cela est de l'histoire d'hier ; tout cela presque a été vécu par notre génération. Et l'on voit bien que l'Afrique, à peine fixée internationalement, n'en est encore qu'à ses premiers pas dans les voies de la civilisation. Son heureux esprit d'initiative, sa longue patience, sa ferme décision, ses sacrifices souvent cruels ont valu à la France une belle part du Continent noir et cette splendide Afrique du Nord qui la prolonge au seuil de l'Afrique neuve. Mais voici que se crée son devoir... et s'oblige sa vigilance...

Si la France est installée en Algérie depuis un siècle bientôt, en Tunisie depuis moins d'un demi-siècle, au Maroc depuis moins de vingt ans, si sa position dans l'Afrique du Nord est désormais inexpugnable, parce qu'elle y a enfoncé profondément les racines de son génie, il lui reste à accomplir la même œuvre dans la partie Sud de son domaine africain. Nous n'entendons certes pas avancer par là que nous n'avons pris possession que superficiellement de l'Afrique occidentale, de l'Afrique équatoriale, de notre Congo et que notre installation y demeure précaire en face des populations autochtones. En quarante ans, au contraire, malgré les faibles moyens mis en action, malgré la navrante répugance de notre jeunesse et de nos capitaux à se colonialiser, nous avons, par notre prestige, par la fermeté et l'humanité de notre effort, déjà exercé une emprise profonde sur les peuplades nègres. Cependant, l'immensité de ces pays, rendue plus inabordable par la pénurie de voies de communication intérieures et la difficulté des transports, leur éloignement de la Métropole surtout n'ont permis encore d'y entreprendre qu'une mise en valeur fragmentaire, qui représente peu de chose, très peu de chose, presque rien, si l'on considère l'étendue et la multiplicité des ressources placées à portée de notre volonté. Or la possession d'une terre ne dure, ne se légitime — l'histoire le prouve — que par la mise en valeur de cette terre, par l'ascension vers les bienfaits de la civilisation qui lui est imprimée.

Notre devoir envers l'Afrique occidentale, envers l'Afrique équatoriale est donc de leur assurer le développement que nous avons su donner à l'Afrique du Nord. Notre intérêt aussi, puisque la seule force, la véritable prospérité d'une nation moderne reposent sur son indépendance économique.

Au surplus, ne l'oublions pas, il existe, en Europe, des puissances prêtes à réclamer une révision des traités de Berlin, de Bruxelles et de Versailles qui ont réglé le sort de l'Afrique — et ce sera là vraisemblablement un des problèmes internationaux les plus épineux. Les uns se plaignent d'avoir été oubliés, les autres d'avoir été dépossédés et tous tournent leurs regards vers cette Afrique encore aux trois quarts vierge, alléguant que certains s'y sont taillé des domaines disproportionnés avec leurs besoins, avec leurs capacités, qu'il y a eu maldonne et que de gré ou de force il faudra un jour donner à chacun sa part.

Nous ne savons pas de quoi l'avenir sera fait. Rien, assurément, ne nous conseille, ne nous permet de verser dans le pessimisme. Mais il est toujours sage de prévoir. La France a le devoir de se garder en Afrique, de prendre en temps utile les plus solides assurances contre un retour de fortune. Par l'Afrique du Nord, où elle s'est si fortement implantée et dont elle n'est séparée que par quelques heures de mer, elle peut dominer le Continent noir au point de le river à jamais à ses propres destins. Par l'Afrique du Nord, où s'est forgée une race de créateurs, jeune, entreprenante et audacieuse, elle peut jeter sur l'Afrique occidentale, sur l'Afrique équatoriale la première vague de l'armée des colonisateurs de demain. Par l'Afrique du Nord, elle peut entreprendre et mener à bien la réalisation de son unité africaine et prévenir ainsi, désarmer par avance les convoitises étrangères.

Pour atteindre ce but, il lui suffit de lancer une voie ferrée qui, partant de l'Afrique du Nord, traversera le Sahara et ira aboutir au cœur de l'Afrique occidentale ; *il lui suffit de réaliser le Transsaharien.*

Nous le demandons à toüs les esprits impartiaux :

Considérez la France africaine dans son état actuel, sans le Transsaharien.

Imaginez la France africaine dans son état futur, avec le Transsaharien.

N'y aura-t-il rien de changé ? Une sorte d'empire nouveau ne se sera-t-il pas aussitôt constitué ? Aujourd'hui, le morcellement, c'est-à-dire la dispersion, la séparation de l'effort, c'est-à-dire la fragilité et la faiblesse. Demain, le bloc, c'est-à-dire la coordination et l'harmonie de l'effort, c'est-à-dire la solidité et la puissance. Quelle machoire avide aura la tentation de se planter dans la France africaine soutenue par l'armature d'acier du Transsaharien ?

Pour remplir totalement sa mission en Afrique, pour s'y créer une situation indestructible, pour que s'y épanouissent, dans le domaine moral et dans le domaine matériel, tous les aspects, toutes les nuances, toutes les formes, tous les bienfaits de sa civilisation, la France doit **FAIRE LE TRANSSA-HARIEN...**

III

Le Transsaharien est-il techniquement réalisable ?

Si la réalisation du Transsaharien s'impose à la fois à l'intérêt et à la vigilance de la France, si elle doit définitivement assurer la mise en valeur et la sécurité de l'Afrique française, du moins est-elle possible techniquement ?

Ne nous trouvons nous pas en présence d'un projet encore utopique que la science ferroviaire est incapable de mener à bien ? En outre, quoique accessible à l'automobile, le Sahara peut-il recevoir une voie ferrée, instrument de transport qui, par définition, doit pouvoir être utilisé en tout temps, en toute saison, régulièrement, d'une façon intensive, en fonction des services réclamés de lui ?

La réponse à toutes ces préoccupations n'est plus douteuse. Techniquement, le Transsaharien est réalisable. Le Sahara non seulement peut recevoir une voie ferrée, mais encore il offre à son installation des facilités qu'on rencontre peu souvent. Enfin la circulation des trains pourra être assurée, été comme hiver, dans des conditions favorables aussi

bien pour le transport des voyageurs que pour
le transport des marchandises.

Au point de vue technique, en effet, il existe plusieurs précédents de construction de chemins de
fer en région désertique. De plus, les études effectuées en ces dernières années au Sahara ont
démontré que le tracé pouvait être aisément établi
sur le dur de bout en bout, que la configuration
du sol ne présentait aucun obstacle, qu'il faudrait
très peu de travaux d'art, que les terrassements
seraient réduits au minimum pour l'établissement
de la plateforme et que, dans la partie centrale
du Sahara, le terrain étant absolument plat, il suffirait de disposer le ballast recueilli sur place, pour
asseoir la voie.

Ces constatations sont désormais tellement certaines, qu'il n'y a pas à y insister. Les travaux des
missions Maitre-Devallon et Niéger ont définitivement établi que la construction du Transsaharien
ne se heurtait à aucune difficulté matérielle et nous
verrons, par la suite, quand nous en viendrons à la
question du tracé, que plus sont poussées à fond
les études sur le terrain, plus se confirme le sentiment que le Transsaharien n'apparaît plus, aux
derniers hésitants, comme une œuvre énorme, qu'en
raison de la longueur de sa voie et de l'importance
du capital de premier établissement qu'il exigera.

Au retour de sa longue exploration saharienne
qui le conduisit jusqu'au Tchad, le capitaine Niéger
écrivait, en 1913, dans le *Bulletin du Comité de
l'Afrique française :*

— Des oasis sahariennes au Tchad et au Niger, la ligne ferrée ne se heurtera à aucun obstacle sérieux et, dans la plus grande partie du tracé reconnu, il sera possible de poser la voie en nivelant simplement une plateforme.

« Pour les autres parties, les terrassements à exécuter seront de peu d'importance. Quant aux ouvrages d'art, c'est à peine s'il y a lieu d'en envisager la nécessité.

« Enfin la question de l'ensablement n'a pas à se poser : aucun massif de dunes important n'existe, en effet, au Sud des oasis sahariennes, dans la région explorée, et les amoncellements de sable qu'on y trouvera sont d'une surface si restreinte qu'il semble possible, en toutes circonstances, de les contourner. »

De son côté, M. Gilles-Cardin, ingénieur en chef des Ponts et Chaussées, représentant le Service des chemins de fer auprès du Secrétariat général du Conseil supérieur de la Défense nationale, chargé par le Ministre des Travaux publics, en décembre 1923, d'étudier sur place le tracé proposé pour la partie Nord, dans le département d'Oran, et qui a accompli cette mission en compagnie de deux fonctionnaires de la Compagnie P.-L.-M., a formulé, dans le *Bulletin du Comité de l'Afrique française,* cette conclusion formelle :

— L'impression que nous rapportons de notre mission, c'est que le Transsaharien, dans la partie que nous avons reconnue (de Raz-el-Ma à Beni-Abbès) est parfaitement possible et exécutable sans grandes difficultés et au prix d'une dépense relati-

vement peu élevée. Les économies réalisées sur l'exécution de cette partie compenseront les excédents de dépenses auxquels on pourrait avoir à faire face pour la construction de la ligne dans la partie centrale ou franchement saharienne, aux abords du Tanezrouft. »

Notons qu'il n'y aura pas d'excédents de dépenses dans la partie centrale du Sahara, puisque les traversées en automobile des frères Estienne ont établi que le terrain y était excellent et uniformément plat et dur.

On a eu pourtant, durant de longues années, des appréhensions en ce qui concerne la traction des trains et l'approvisionnement en eau. Il semblait très difficile, voire impossible, de lancer dans le Sahara des locomotives à vapeur dont il faudrait fréquemment ravitailler les tenders en charbon et alimenter les chaudières en eau. La création et la mise au point, toute récente, de locomoteurs à combustion interne, de machines à moteur semi-Diésel sont venues heureusement résoudre cette double difficulté. Le charbon est remplacé par les huiles végétales qu'on trouve en abondance en Afrique occidentale. La consommation d'eau, si considérable avec les locomotives à vapeur, est réduite à relativement peu de chose, car l'eau n'intervient plus que comme agent de refroidissement.

Ainsi se sont évanouies successivement toutes les difficultés, toutes les contestations d'ordre technique, si bien que l'on peut avancer aujourd'hui, avec la plus absolue certitude, que la construction du Transsaharien n'est plus qu'une question d'opportunité financière, économique et militaire.

On ne le nie plus, d'ailleurs, et sur ce point la discussion est épuisée, faute de contradicteurs. Les seules objections apportées désormais contre le Transsaharien par ses adversaires sont que les dépenses de construction, d'entretien et d'exploitation qu'il entraînera dépassent de beaucoup les possibilités de notre situation financière ; que son intérêt économique est un leurre ; que son efficacité militaire est une illusion ; en un mot qu'il ne faut voir en lui que la conception de gens peut-être animés des meilleures intentions, mais sûrement affligés de la manie des grandeurs.

Mais ces objections ne résistent pas à un sérieux examen ; elles s'avèrent le plus souvent enfantines et il est facile de montrer, contre elles, que la France doit **FAIRE LE TRANSSAHARIEN...**

Extrait du « Bulletin des Anciens Elèves de l'Ecole centrale des Arts et Manufactures »

Locomotives à vapeur modernes.— A côté des machines de nos Réseaux dont le poids ne peut dépasser 19 tonnes par essieu (la Pacific : 95 tonnes, la Mountain : 118 tonnes), il est intéressant de signaler les puissantes locomotives américaines dans lesquelles la charge par essieu atteint 30 tonnes, notamment les Double-Décapod du Virginian Ry 2,10+10,2, poids 310 tonnes (sans le tender), et la machine de l'Union Pacific à six essieux couplés et bissel (4, 12, 2) dont le poids est de 225 tonnes.

Mais l'augmentation de puissance ne constitue pas le

seul progrès de la locomotive moderne ; l'amélioration de rendement a été notamment obtenue par la surchauffe et le réchauffage de l'eau d'alimentation. D'après les essais du Pensylvania Rd et du P.O. une machine moderne peut, dans les meilleures conditions, donner le CH. h indiqué avec une consommation de 7,750 calories, soit environ 1 k. de charbon.

Deux autres procédés apparaissent susceptibles de réaliser des économies des combustibles importantes :

1° *La locomotive à turbine.* — L'emploi de la turbine est lié à la question condensation : aéro-condenseur (Ljungstrom), ou condenseur à surface (tubes à eau) avec tour de réfrigération sur le tender (zoelly). Ce dernier procédé évite les rentrées d'air par défaut d'étanchéité. Economie du procédé, 35 % environ.

2° L'emploi de très hautes pressions (60 k.). Ce procédé soulève deux problèmes importants : l'un d'ordre constructif (faisceaux aqua-tubulaires ; corps de chaudière forgés) ; l'autre d'ordre thermodynamique (augmentation de la surchauffe, réchauffage de la vapeur entre deux détentes). Les essais se poursuivent en Allemagne. Le procédé paraît appelé à donner une économie de combustible de l'ordre de 30 à 32 %.

Locomotives à combustion interne. — Le procédé Diésel est appelé à retenir toute l'attention des exploitants, particulièrement pour les régions défavorisées au point de vue de l'eau. Parmi les avantages qu'il présente, il convient en effet de citer le faible poids des approvisionnements consommés, et, par suite, la possibilité d'effectuer de très longs parcours sans réapprovisionnements, voire même sans arrêts.

L'application du procédé Diésel à la locomotive s'est heurtée à des problèmes qui n'existent pas avec le moteur fixe ou marin. Ces problèmes sont les mêmes que pour la traction automobile ; questions de démarrage, de souplesse, etc... ; ils conduisent à des systèmes de transmission que nous allons passer en revue.

Transmission électrique. — Elle a été appliquée notamment à une locomotive construite en Allemagne sur les données du professeur Lomonossof, pour la Russie. Puissance du moteur : 1,200 ch., (900 ch. aux roues). Poids : 120 tonnes. (En été, on est conduit à ajouter un tender de 40 tonnes environ pour le refroidissement de l'eau de réfrigération). Cette machine a donné des résultats satisfaisants et est actuellement en service.

Autre réalisation : une locomotive construite en Amérique par la Baldwin C° (1,000 ch. au moteur, 750 aux roues), 125 tonnes.

Inconvénients du procédé : perte de rendement de 25 à 30 %, poids et prix très élevés.

Transmission thermo-pneumatique. — Différents systèmes à l'étude ou à l'essai en Allemagne (M.A.N.) et en Italie. Ce procédé conduit à des poids comparables à ceux de la transmission électrique.

Transmission mécanique. — Analogue aux transmissions d'automobiles, le moteur actionne, par l'intermédiaire d'une boîte de vitesse, un faux essieu qui commande les roues par bielles.

Les ateliers Gomsa (Vereinigte Staatliche Naschinen Fabric) ont construit pour le Gouvernement russe une locomotive avec moteur Diésel Krupp de 1,200 ch. trois vitesses par engrenages toujours en prise et embrayages électro-magnétiques. Poids : 125 tonnes. Les essais ont été satisfaisants.

Les établissements Krupp ont en commande, pour une compagnie américaine, une locomotive de 1,400 ch. du même système, quatre vitesses. Poids : 143 tonnes.

Machines à commande directe. — Les cylindres commandent directement les roues comme avec la locomotive à vapeur. Il faut alors une source d'énergie auxiliaire pour démarrer le train jusqu'à la vitesse (10 km. environ) où

3

le fonctionnement Diésel s'amorcera ; cette source d'énergie peut être la vapeur.

Le procédé Still est un procédé mixte : Combustion (Diésel) et vapeur. Les chaleurs perdues du moteur à combustion produisent de la vapeur, laquelle est utilisée pour les démarrages.

La chaudière de récupération est pourvue d'un foyer pour la mise en pression préalable et pour éventuellement fournir un supplément d'énergie dans les parcours exceptionnellement durs. Cette chaudière est chauffée par un brûleur utilisant le même combustible que le moteur.

Une locomotive Still avec engrenage et faux essieu est actuellement en construction aux Etablissements Kitson de Leeds : 1,000 ch., 70 tonnes. L'on prévoit son achèvement dans le courant de l'année.

Dans la locomotive Still, à l'étude aux Etablissements Schneider, la transmission se fait directement par balanciers et bielles, entre les cylindres et les roues (1,200 ch., 90 tonnes).

Quant au poids, avec ce procédé, il est sensiblement égal à celui d'une locomotive à vapeur, avec son tender, pour un rayon d'action cinq à dix fois supérieur.

Consommation d'eau prévue : 9 à 10 % de la consommd- d'une locomotive à vapeur de même puissance. Consommation de combustible (gaz-oil) : environ 600 gr. aux 100 tonnes km. totales, au lieu de 4 k. 5 de charbon avec la vapeur. Les approvisionnements à prévoir pour un train de 5 à 600 tonnes et un parcours de 2,000 km. (problème du Transsaharien) seraient de 10 tonnes de combustible et 20 tonnes d'eau.

Une telle machine, comme d'ailleurs toute autre locomotive Diésel, pourrait marcher d'une façon continue pendant un grand nombre d'heures, cela à l'inverse de la locomotive à vapeur qui ne peut fonctionner plus de trois ou quatre heures sans nécessiter un travail sérieux de décrassage, ramonage, etc..., indépendamment des réapprovisionnements. Dans ces conditions, le service pourrait être assuré par quarts comme pour une traversée mari-time, la voiture de service attelée derrière la machine servant de poste d'équipage.

Conclusion. — En résumé, dans l'état actuel de la technique, le problème de la traction pour les longs parcours sans réapprovisionnements est possible à résoudre par le moteur à combustion interne.

En ce qui concerne notamment le problème du Trans-saharien, indépendamment des solutions acquises aux-quelles on peut reprocher le poids et le prix, il y a beau-coup à attendre du procédé mixte susceptible d'apporter une solution plus simple, plus légère (malgré les 20 tonnes d'eau) et plus économique.

L'industrie française est parfaitement en mesure d'établir une locomotive Diésel suivant l'un ou l'autre des procédés qui viennent d'être exposés.

IV

L'utilité économique et militaire
du Transsaharien

C'est un fait que, de tout temps, dans tous les
pays, les conceptions audacieuses, les grandes entreprises, les réformes hardies, se sont heurtées aux
plus hargneuses oppositions. Il est tel mot historique sur l'avenir du chemin de fer dont les mânes
d'un de nos grands hommes d'Etat doivent frémir
elles mêmes aujourd'hui, 'en voyant nos rapides
dévorer l'espace à cent kilomètres à l'heure. De
Lesseps a été traité d'imposteur et de dément pour
avoir imaginé le percement de l'isthme de Suez.
Lorsqu'il fût question, aux Etats-Unis, de construire
le premier des transcontinentaux, il se leva, au
Congrès, des censeurs omniscients pour dénoncer
froidement la folie d'un pareil projet, affirmer son
inutilité et le condamner aux pires déceptions. Le
Transsaharien pouvait-il échapper à la règle ?

Lui aussi, hélas ! se heurte à l'aveuglement et
à l'incompréhension des uns, à l'ignorance ou au
parti pris des autres.

Si l'on prétend l'envisager dès l'abord comme un placement à gros revenus pour pères de famille, si l'on s'avise d'attendre de lui la transformation miraculeuse et instantanée de l'Afrique française, si l'on prétend exiger de lui qu'il « rende » dès que le premier train sera lancé sur ses rails, on ne « voit » pas le Transsaharien, on met tout simplement la charrue avant les bœufs.

Le Transsaharien, assurément, ne trouvera pas, dès sa mise en exploitation, un trafic voyageurs et marchandises suffisant pour le classer parmi les grandes affaires rémunératrices dont on se dispute les actions et personne n'a jamais songé à le présenter comme une bonne aubaine pour les grands et les petits capitalistes impatients de gros intérêts automatiques. Le Niger ne roule pas encore des flots d'or où il n'y a qu'à puiser à pleins wagons et il n'existe ni en Afrique occidentale, ni en Afrique équatoriale des richesses toutes prêtes à être embarquées et transportées.

La question se pose tout autrement.

Nous avons à nous demander si nous pouvons arracher le Continent noir à sa léthargie séculaire sans construire le Transsaharien ; si nous devons attendre que l'Afrique occidentale et l'Afrique équatoriale aient été colonisées pour les relier à la Méditerranée par une voie ferrée ; si la mise en valeur, la colonisation précéderont le chemin de fer, ou si le chemin de fer précédera la mise en valeur et la colonisation.

En raccourci, le Transsaharien doit-il être la préface ou la conclusion du développement de notre empire africain ? Ceci créera-t-il cela, ou cela créera-t-il ceci ?

Nous avons, en Algérie, quelque expérience de la colonisation. On a essayé ici tous les systèmes, toutes les méthodes. Nous savons que lorsque l'on veut ouvrir une nouvelle région au défrichement, à la culture, l'échec est certain si l'on demande aux colons de produire avant de les pourvoir de routes pour leur permettre d'accéder à leurs terres et d'en évacuer les récoltes. Nous savons que les moyens de communication constituent l'instrument essentiel du succès. Aussi ne concevons nous pas qu'on puisse avoir la moindre illusion sur l'avenir du Continent noir tant qu'on n'aura pas fait le Transsaharien. Et, sans la moindre hésitation, nous formulons cette proposition :

Ou la France condamnera l'Afrique occidentale et l'Afrique équatoriale à végéter, à continuer dans le temps leur assoupissement, à recevoir des fonctionnaires admirables, mais paralysés dans leur action par l'éloignement de la Métropole, ou elle fera le Transsaharien sans plus tarder.

Nous demandons le Transsaharien non pas comme une consécration, mais comme un commencement, comme la première pierre de l'édifice qu'il s'agit de construire.

Dès lors, il suffit de vérifier si là bas s'offre à nous un champ d'activité digne des sacrifices à consentir, capable de compenser dans l'avenir les dépenses à engager dans le présent : *l'Afrique occidentale, l'Afrique équatoriale valent-elles l'effort du Transsaharien ?*

La documentation coloniale est aujourd'hui suffisamment abondante et précise pour que nous ne conservions sur ce point aucun doute. A cette documentation, le voyage au Niger et en Afrique occidentale, organisé, sur l'initiative de la Chambre de Commerce d'Oran, par le Gouvernement général de l'Algérie, en novembre-décembre 1926, et auquel ont participé des missions des trois départements algériens, est venu ajouter les constatations de commerçants et de colons qui, ayant embrassé l'ensemble des ressources et des possibilités du Continent noir, sont revenus de leur randonnée avec une foi ardente dans l'œuvre grandiose que la France peut y entreprendre et dans la nécessité du Transsaharien.

Oui, il y a au Continent noir des terres immenses possédant des ressources incalculables. Mais la presque totalité de ces terres sont encore dans l'état où nous les avons trouvées et l'existence de quelques entreprises particulières — couronnées du reste d'un plein succès chaque fois qu'elles ont été abordées avec les capitaux nécessaires — demeure malgré tout un résultat dérisoire quand on embrasse l'étendue de l'empire sur lequel flotte notre drapeau. Nous administrons parfaitement nos possessions, mais nous les exploitons à peine.

Bien audacieux, bien téméraires dans leurs prophéties décisives sont donc les adversaires du Transsaharien quand ils affirment que jamais le chemin de fer ne trouvera des éléments de trafic suffisants pour une exploitation normale. Ils ont beau triturer les statistiques pour appuyer leur thèse et faire état du cheptel existant, de la production actuelle en laine, en coton, en arachides, etc, pour démontrer que le Continent noir est un pays pauvre, ils arrivent seulement à prouver que son exploitation est une impossibilité dans les conditions présentes.

Pour mettre un pays en valeur il faut des colons, de la main-d'œuvre, des voies de communication, des commerçants ?

Où sont aujourd'hui les colons ? Une poignée sur un territoire couvrant plusieurs millions de kilomètres carrés. Les fonctionnaires sont infiniment plus nombreux que les colons.

La main-d'œuvre ? Certes, les recensements n'indiquent pas un chiffre de population très élevé. Mais il ne faut pas oublier l'énorme mortalité infantile qui sévit en Afrique occidentale et en Afrique équatoriale. La natalité est considérable parmi les peuples nègres ; seulement, la maladie les décime. Osera-t-on soutenir que la population autochtone ne doublera pas rapidement, quand la pénétration européenne lui assurera de meilleures conditions d'alimentation et d'existence, répandra les notions prophylactiques les plus élémentaires ? Voyez ce qu'est devenue, en Algérie, la population indigène avec l'occupation française...

Les voies de communication ? On a créé quelques routes, ouvert quelques chemins de fer ; partout, celles-là et ceux-ci ont eu les effets les plus bienfaisants et rapidement les chemins de fer ont été débordés par le trafic.

Les commerçants ? Ils viennent à mesure que la marchandise afflue ; ils viendront nombreux aussitôt qu'ils pourront circuler sans subir les pertes de temps qui leur sont actuellement infligées.

L'Afrique occidentale, l'Afrique équatoriale ont, à cette heure, la production de leur état social. Seuls des Européens pourront accroître cette production, éduquer les races nègres, leur donner le goût et la connaissance du travail. Seuls des Européens pourront tirer plein parti du gigantesque réservoir de matières premières que constitue notre Afrique. Et les Européens n'entreprendront la colonisation de notre Afrique que le jour où le Transsaharien leur permettra d'y aller ou d'en revenir en moins de huit jours, de conserver le contact avec le monde civilisé, de ne plus s'expatrier avec l'impression déchirante qu'ils vont s'enterrer vivants dans un tombeau où ne leur parviendra plus aucun écho du pays natal, du pays des ancêtres, du pays où ils laissent tous ceux qui leur sont chers.

Et, cependant, en face des sombres prophéties des contempteurs du Transsaharien, nous pourrions dresser les études, les travaux de ses apôtres. Eux aussi ont compulsé les statistiques ; ils ont longuement recherché ce qu'étaient capables de fournir l'Afrique occidentale et l'Afrique équatoriale et ils sont parvenus à des conclusions réconfortantes. Trafic marchandises, trafic voyageurs seront importants dès le début de l'exploitation et suivront une progression rapide. Le déficit n'atteindra à aucun moment les profondeurs catastrophiques annoncées.

Dans ce travail de vulgarisation, nous ne pouvons nous étendre. Il est d'ailleurs facile de se renseigner sur les possibilités économiques de l'Afrique occidentale et de l'Afrique équatoriale au regard du Transsaharien. Les brochures, les tracts abondent et il est inutile de répéter des études si parfaitement établies (1).

Nous avons préféré quant à nous prendre les choses au pire et, en opposition avec les adversaires du Transsaharien, faire comprendre que ce chemin de fer est indispensable, est urgent précisément parce qu'il représente — si l'on voulait admettre leurs appréciations sur les ressources du Continent noir et l'état de leur mise en valeur — le seul moyen d'accomplir une œuvre de colonisation féconde et durable.

Il faut, toutefois, mentionner en passant l'objection suivant laquelle le débouché de tout le Continent noir est vers la mer et non pas vers le Sahara et l'Afrique du Nord, le chemin de fer étant incapable, en raison de la distance, de soutenir la concurrence contre les tarifs du bâteau.

Certes, pour les régions cotières, le Transsaharien ne présentera le plus souvent que très peu d'utilité, et encore pour le transport des marchandises seulement. Si les réseaux ferrés de l'Afrique occi-

---

(1) A ceux qui voudraient avoir une documentation récente et vécue, nous recommandons la lecture des comptes rendus du voyage des missions algériennes au Niger, en novembre-décembre 1926, et tout spécialement de ceux des membres de la mission oranaise :

L'Algérie en mission au Niger, par M. Eugène Cruck, Heintz, éditeur, Oran.

D'Oran au Niger, par M. Raoul Guittard, Heintz, éditeur, Oran.

Le Niger sentimental, par M. Alfred Cazes, Heintz, éditeur, Oran.

dentale partent de la côte pour s'enfoncer dans les profondeurs du pays, on ne doit pas oublier qu'ils sont orientés vers un point central, Ouagadougou, qui constituera une sorte de plaque tournante des communications ferroviaires. Or le Transsaharien doit précisément aboutir à Ouagadougou. D'autre part, les produits qu'on voudra évacuer par mer, n'auront-ils pas souvent de longues distances à parcourir en chemin de fer avant d'arriver au port d'embarquement, sur la côte ?

En tout cas, l'argument porte totalement à faux en ce qui concerne le trafic voyageurs. Le Transsaharien recevra des passagers même des régions côtières, parce que l'on préférera toujours un voyage par chemin de fer à un voyage par bâteau, non seulement parcequ'il fait gagner beaucoup de temps, mais aussi pour ses commodités pratiques et son plus grand confort. Nous en avons la démonstration dans le nombre considérable de nos compatriotes du Maroc qui, se rendant en France, affrontent un long voyage par terre, en chemin de fer et en auto-car, et viennent s'embarquer sur un paquebot à Oran, afin de gagner trois jours de traversée, bien qu'ils disposent à Casablanca d'excellents navires (1).

---

(1) Le jour où le Fez-Oudjda sera construit, assurant de bout en bout la liaison par voie ferrée entre Casablanca et Oran, on peut être assuré que la plupart des voyageurs marocains viendront emprunter les lignes de navigation d'Oran à Port-Vendres ou Marseille. L'appréhension de cette évasion de trafic est même une des raisons majeures qui ont incité les groupement influents de Casablanca à faire retarder le plus longtemps possible la construction du Fez-Oudjda, dont l'existence eut cependant permis de tuer dans l'œuf l'agression d'Abd-el-Krim et de ses Riffains.

Mais le Transsaharien ne doit pas remplir une mission exclusivement économique. Il constituera en même temps un instrument militaire de premier ordre, un instrument appelé à jouer un si grand rôle que le Conseil supérieur de la Défense nationale réclame sa construction avec insistance depuis plusieurs années.

Que survienne un nouveau conflit européen. Le Transsaharien nous donnera la seule chance de pouvoir utiliser notre armée noire, de pouvoir amener dans la Métropole les matières premières de l'Afrique occidentale et de l'Afrique équatoriale.

Nous voulons réduire la durée du service militaire à une année. La réforme sera périlleuse, si, par ailleurs, nous ne nous mettons pas en mesure d'avoir à notre disposition, à tout moment, nos contingents coloniaux. Espérer pouvoir les transporter par mer à travers l'Atlantique, puis la Méditerranée, est une conception insensée après les cruelles leçons de la guerre sous-marine en 1917 et 1918. Avec la flotte que nous permet notre situation financière, que nous accorde la convention de Washington, heureux serons nous si nous réussissons à garder le passage libre entre l'Algérie et la Métropole. Toutes nos forces navales devront être concentrées sur ce point vital, et nous n'aurons pas un bâteau de disponible en vue d'assurer la sécurité des convois de Dakar jusqu'à la côte française. Ces convois iront fatalement au fond de l'eau. Le passage en Méditerranée, sans doute souvent difficile, sera du moins toujours possible.

Si nous ne faisons pas le Transsaharien, il faut, en cas de guerre, délibérément rayer les contin-

gents noirs de la liste de nos effectifs ; il faut délibérément renoncer aux abondantes matières premières que pourrait nous fournir un Continent
noir mis en valeur et exploité par la colonisation
européenne ; il faut, en cas de danger grave, abandonner à son destin, au hasard des événements,
toute l'Afrique française.

Ah ! quand nous voyons des parlementaires —
ils sont rares, fort heureusement — avancer avec
le plus grand sang froid, que l'importance militaire du Transsaharien sera nulle, nous ne pouvons nous empêcher, en considérant leur témérité,
de songer à l'aveuglement, à l'impéritie de ceux
qui jadis nous firent perdre les Indes et le Canada...

Mais, cette fois, l'Histoire ne se renouvellera pas.
Le Transsaharien a déjà cause gagnée. Toute la
France entendra l'appel de ses répondants, dont
la haute autorité, la longue expérience, le désintéressement et le patriotisme ne peuvent être sus-
pectés par personne. Car si le Transsaharien a des
adversaires systématiques, il a aussi des partisans
résolus qui sentent, qui comprennent que l'heure
est venue de le réaliser, *dans un intérêt national
supérieur* (1) :

— *Un Transsaharien ? L'unité de l'Afrique française enfin réalisée par le rail, il n'est pas de colonial averti, de Français soucieux de la grandeur
et de la prospérité nationales, qui, depuis cinquante
ans, n'ait caressé ce beau rêve. Quel essor ne devons-*

---

(1) La plupart des citations qui vont suivre sont em-
pruntées à des articles ou à des interview publiés par la
Dépêche Coloniale.

nous pas en attendre pour nos possessions tropicales, actuellement frappées d'asphyxie, quelle sécurité aussi tant pour notre Empire africain que pour la Métropole elle-même !

Maréchal LYAUTEY.

— *Il faut que le Transsaharien se fasse et qu'il se fasse vite. Nous devons à la France africaine d'assurer son unité. Seul, le rail peut la lui donner, seul il permettra de mettre en valeur ces immenses territoires du Soudan et du Niger qui peuvent nous donner tant de richesses nécessaires.*

Maréchal JOFFRE (1).

— *Plus que jamais, je crois à la nécessité d'exécuter le Transsaharien si nous voulons donner à notre domaine africain l'outillage qui peut, seul, assurer à la fois sa sécurité et son développement économique.*

Et, en effet, c'est en vain que nous essaierons d'augmenter l'exploitation des différents groupes de pays qui constituent nos possessions en Afrique : Algérie, Tunisie, Maroc, Afrique occidentale française, Afrique équatoriale, Soudan, si nous ne réussissons pas à combler le vide immense du Sahara, qui les sépare et qui peut les unir si nous le voulons.

Le jour où il sera possible de traverser vite et sûrement ces étendues désolées, ce jour-là nous aurons assuré la possibilité pour nos colonisateurs

---

(1) Rappelons que le maréchal Joffre, alors capitaine, commandait la colonne qui prit Tombouctou,

de se pénétrer et de s'aider et nous aurons en même temps assuré la sécurité complète et absolue de notre domaine. Partout où le rail, après la route, a fait son apparition, l'expérience a montré que les pillards disparaissaient en même temps que l'ordre et la civilisation s'étendaient le long du rail.

. . . .

Techniquement ce gigantesque travail ne soulève aucune difficulté insurmontable ; économiquement il doit assurer à l'Afrique française un développement rapide et certain ; financièrement, il ne dépasse nullement nos possibilités, surtout si nous savons utiliser rationnellement pour cette grande œuvre les prestations en nature.

L'heure est venue de se mettre au travail et nous sommes certains que le gouvernement d'union nationale, que nous avons pour le plus grand bien de la France, sera avec nous.

Albert MAHIEU,

sénateur du Nord,
président du Conseil supérieur
des Chemins de fer,
rapporteur du projet du Transsaharien
devant le Conseil supérieur
de la Défense nationale.

— Le jour, prochain, il faut l'espérer, où elle aura réalisé le Transsaharien, la France de la Marne et de Verdun aura gagné, pour l'Humanité, une nouvelle victoire, moins sanglante, mais aussi belle que celles qui l'immortalisent à jamais.

Maurice SARRAUT,
sénateur de l'Aude.

— Ce que je voudrais surtout, ce serait voir la France prendre à cœur cette grande œuvre, la plus belle qu'il lui reste à accomplir depuis le percement de l'isthme de Suez, et la plus importante pour son avenir.

Comte de FELS.

— Lorque lord Salisbury dit le mot fameux « Laissons un peu de sable à gratter au coq gaulois », il était de bonne foi ; il n'en savait pas beaucoup plus que nous, puisque j'avais envoyé des missions dans la boucle du Niger...

... Il faut faire l'unité de la France des cinq parties du monde, comme nos rois ont fait peu à peu l'unité de la France métropolitaine...

... J'avais pensé d'abord à un tracé aboutissant à la Tunisie. Depuis, je me suis rallié au tracé aboutissant à Oran.

Gabriel HANOTAUX,
de l'Académie française,
ancien Ministre des Affaires étrangères.

— Vous me demandez ce que pensait Charles de Foucauld du projet de chemin de fer Transsaharien ? La réponse est aisée : il l'a faite lui-même.

En janvier 1912, une mission, dirigée par le capitaine Niéger, s'avançait, à petites journées, vers le Hoggar. Elle étudiait un tracé de Transsaharien qui devait partir d'Oran, descendre à Beni-Abbès, décrire une courbe à l'Est jusqu'à toucher le Hoggar, et reprendre la direction du Sud, pour aboutir au Tchad. La nouvelle courait le désert. Le « grand marabout blanc » l'apprend, à Tamanrasset. Aussitôt il écrit à un ami :

4

— J'en suis extrêmement heureux, car le chemin de fer, dans ces régions, est un puissant moyen de civilisation et la civilisation un puissant aide pour la christianisation... C'est une nécessité pour la conservation de notre empire africain, mais aussi pour pouvoir porter sur le Rhin, en cas de besoin, le maximum de nos forces.

René BAZIN,
de l'Académie française.

— Nous devons construire le chemin de fer Transsaharien. Nous le devons pour mettre en valeur des territoires immenses et fertiles qui, sans cette voie ferrée, manqueront de débouchés pendant un temps indéfini ; pour souder ensemble deux blocs de pays dont le commerce réciproque accroîtra sensiblement la richesse ; pour mieux assurer encore notre empire, faciliter notre administration. Nous le devons pour nos colonies ; nous ne le devons pas moins pour la Métropole. Relier par le rail la vallée du Niger à l'Algérie, c'est faciliter en quantité et en rapidité, dans d'énormes proportions, la venue des hommes et des denrées pour les jours où nous pourrions en avoir le plus pressant besoin.

Octave HOMBERG,
directeur de la « Dépêche Coloniale ».

— Que peuvent dire les sceptiques, aujourd'hui que les Etats Unis ont réalisé le chemin de fer New York-San Francisco, le Canada la ligne Halifax-Vancouver ? Et que sont les 3,000 kilomètres du Transsaharien, à côté des 5,600 kilomètres

du premier et des 6,000 du second ? Dira-t-on que le développement économique de l'Afrique occidentale est insuffisamment avancé pour permettre la réussite financière de l'entreprise ? Mais pourrat-on le soutenir sans oublier cette vérité fondamentale que l'établissement de voies de communication crée la richesse et attire la population, que, pour ne citer qu'un exemple, le Texas et l'Oklahoma, désertiques avant la pose du premier rail, et en certaines régions tout semblables au Sahara, ont vu, l'un sa population tripler en dix ans, l'autre passer la sienne de 62,000 habitants en 1890 à 1,557,000 en 1910, grâce à la seule vertu de la construction audacieuse d'un formidable réseau ferré de 22,000 kilomètres ?

Au surplus, les détracteurs du Transsaharien, s'il en reste, prouvent seulement qu'ils ignorent tout des conditions géographiques de l'entreprise et de l'état du développement économique de l'Afrique actuelle.

Gratien CANDACE,
député.

— Groupons nous autour de cette grande idée française, le Transsaharien, et faisons la réussir. La Société de géographie commerciale, toutes ses sections de province et de l'étranger sont prêtes à seconder le mouvement d'opinion qui s'affirme dans le pays, à lutter avec le Comité de l'Afrique française contre l'ignorance, la routine et la pusillanimité.

Louis MARIN,
député,
Ministre des Pensions.

— Il n'est pas que le tronçon Fez-Oudjda qu'il convienne de construire dans le plus bref délai. Les événements marchent et le Transsaharien dont rêvait mon imagination lorsque, m'intéressant déjà à l'expansion coloniale, je m'en préoccupais en des articles parus en 1899, est sur le point de devenir une réalité.

. . . . .

Un nouveau comité vient de se former où nous avons pris place à côté de hautes personnalités coloniales.

Nous nous efforcerons de hâter les études et d'intéresser les Pouvoirs publics et le Parlement à une réalisation du plus haut intérêt pour l'avenir non seulement de l'Afrique française, mais encore pour la sécurité de la nation française elle-même.

Léon BARÉTY,
député.

— Mais, dira-t-on peut-être, un Transsaharien n'est pas nécessaire à des chefs d'entreprise, auxquels suffisent des services d'automobiles ou d'avions. Réduire ainsi le problème, c'est méconnaître que l'objet de ces premiers déplacements sera précisément de faire sortir du sol soudanais des récoltes qui perdraient toute valeur si le transport vers les marchés consommateurs n'en était assuré. Et ce ne sont ni des avions, ni même des camions automobiles qui enlèveront par milliers de tonnes les balles de coton, les sacs d'arachides et de riz, les troupeaux sur pied et les quartiers de viande frigorifiée.

Ecartant ici toute considération d'ordre stratégi-

que, supposant que le Sahara lui-même ne fournira de longtemps aucun frêt au chemin de fer qui le traversera, nous concluerons que le Transsaharien est indispensable, simplement parceque la France possède l'Afrique du Nord et l'Afrique occidentale, et se doit à elle-même de les consolider l'une par l'autre, en même temps que de porter au maximum leur valeur par notre essor national.

Henri LORIN,
ancien député.

— Aujourd'hui que le tunnel du Rove fait communiquer le port de Marseille au Rhône, quel ne serait pas, avec le transit du Transsaharien, le magnifique avenir de cette double artère ferroviaire et fluviale qui, de Marseille, par Lyon et Chalon, se dirigerait d'une part vers le Havre, de l'autre vers Strasbourg, puis vers Dunkerque et Anvers ! Elle pourrait devenir l'une des plus grandes routes du monde.

Assurément, le Transsaharien sera un jour réalisé. Mais ce sera, pour les historiens, un sujet d'étonnement de constater qu'une grande nation aura mis si longtemps à s'apercevoir qu'elle possédait un tel facteur de puissance et de prospérité.

Général AUBIER.

Arrêtons là ces citations, pour ne pas dépasser le cadre d'une œuvre de propagande. Nous ne recueillerons pas non plus les innombrables vœux formulés par des groupements économiques et commerciaux, par des groupements patriotiques.

Mais nous manquerions à notre devoir si nous ne rendions hommage à l'action menée depuis des années avec une énergie et une clairvoyance incomparables par le Comité de l'Afrique française, si nous ne rendions hommage aussi à l'effort d'hommes comme MM. de Warren, député de Meurthe-et-Moselle, E. du Vivier de Streel, Henri Lorin, Rober Raynaud, Pierre Deloncle, infatigables apôtres qui, chaque jour, en appellent à l'opinion française et répètent : **FAISONS LE TRANSSAHARIEN.**

V

Les ressources de l'Afrique noire

Pour les adversaires du Transsaharien qui s'inquiètent des possibilités de trafic dont pourra disposer le futur chemin de fer, nous venons de montrer que la mise en valeur de l'Afrique noire était précisément conditionnée par l'existence préalable d'une voie d'accès facile et rapide pour les personnes, d'une voie d'évacuation facile et rapide pour les produits. Si le Transsaharien connaît des déficits d'exploitation dans les premières années, du moins s'atténueront-ils progressivement et finiront-ils par disparaître pour faire place à des bénéfices. Les moins optimistes affirment que la période des sacrifices durera une vingtaine d'années au plus. Allons plus loin encore, pour satisfaire un instant les timorés et les hésitants. Envisagons que pendant cinquante ans, il soit nécessaire de combler l'insuffisance des recettes. La transformation profonde de l'Afrique occidentale qui résultera de sa jonction avec l'Afrique du Nord ne mérite-t-elle pas un pareil effort ? Sommes-nous là-bas pour quelques années ou pour toujours ? Il serait trop beau de pouvoir récolter sans avoir semé.

Le Transsaharien se justifie déjà par les seules nécessités politiques et militaires ; il est tellement certain que le vaste pays qui s'étend entre le Niger et l'Atlantique abonde en ressources agricoles — et qui sait, minières ? — il est tellement certain qu'on peut en faire une des régions de production les plus prospères et les plus riches du monde, qu'on ne saurait avoir aucune inquiétude sur les résultats économiques de l'entreprise.

D'ailleurs, s'il serait imprudent d'exagérer les possibilités actuelles de l'Afrique noire, il ne faut pas, non plus, les contester, les amoindrir, les nier à plaisir. L'Afrique noire, nous l'avons dit, a la production de son état social actuel. Pour être juste, en tenant compte du chiffre de la population, des méthodes de culture primitives des nègres, de leur indolence due à la fois à la sous-alimentation et à l'impossibilité de tirer profit du surplus de leurs récoltes, on doit, au contraire, reconnaître que l'inventaire des richesses révélées par les statistiques est non seulement satisfaisant, mais encore encourageant et plein de promesses.

Nous voulons systématiquement épargner à nos lecteurs l'aridité des chiffres. Aussi bien, pour ne parler que des plus récentes publications, renverrons nous ceux d'entre eux qui voudraient une documentation complète sur les ressources de l'Afrique noire, à des travaux d'un haut intérêt comme le rapport si précis, si convaincant établi par M. Roux-Freissineng, député, rapporteur à la Chambre de la proposition de loi de M. de Warren tendant au vote d'un crédit de 18 millions pour poursuivre les études du tracé ; au rapport si détaillé, si fourni, si lumineux communiqué par M. le colonel Abadie, ancien commandant du territoire de Zinder, au *Bulletin du Comité de l'Afrique française* de juin 1927.

Cette simple comparaison du colonel Abadie en dit long :

— Les populations sédentaires (agriculteurs) du Soudan français et de la Haute Volta sont réparties sur 600,000 kilomètres carrés, c'est à dire sur 60 millions d'hectares de terres cultivables, dont 4 millions irrigables.

« L'Egypte, avec ses 3 millions d'hectares cultivés, exporte chaque année 300,000 tonnes de coton, 500,000 tonnes de riz et plus de 2 millions de tonnes de céréales (maïs, etc.). Le Haut Niger et le Soudan peuvent donner des résultats quintuples. »

L'A. O. F. compte 13 millions de noirs et ses principaux produits sont :

Le mil, dont la culture, très simple, peut-être étendue sans limites et qui donne un excellent alcool industriel (35 litres au quintal). Le Mossi, à lui seul, a produit près de 15 millions de quintaux de mil en 1926.

Les arachides, dont 600,000 tonnes ont été exportées par l'A.O.F. en 1926 ; cette culture peut également ment prendre un immense développement.

Le riz, qui vient très bien au Soudan, dont les indigènes sont très friands, mais dont ils manquent et qui pourrait, en peu de temps, donner lieu à un gros commerce d'exportation.

Le bétail, très abondant malgré une énorme mortalité et qui peut constituer une incalculable richesse. Le cheptel comprend dès maintenant

3,500,000 bovidés, 5,000,000 d'ovidés et 4,500,000 ca-
pridés. Les colonies anglaises se ravitaillent actuellement en A.O.F. On doit prévoir la création
de nombreuses usines de conserve de viande ou
de viande frigorifiée dès la mise en exploitation
du Transsaharien. Le commerce des peaux est lié
à l'exploitation du cheptel.

Le coton. Les résultats déjà obtenus (2,500 tonnes
en 1926) donnent la certitude que l'A. O. F. devien-
dra, quand on le voudra, un pays de grande
production où l'industrie française pourra se ravitailler, échappant ainsi à la tutelle de l'étranger.

L'alcool, dont la production, avec le mil et les
plantes industrielles, doit devenir rapidement
considérable.

Le tabac, le manioc, le blé, le maïs, l'orge, le
chanvre, le sisal, le kapok, la gomme, le karité,
l'indigo, les bananes, les bois précieux tels l'ébène
et l'acajou, les amandes de palme, l'huile de palme,
le cacao, le caoutchouc, etc.

M. le Colonel Abadie prévoit que, dans vingt ans,
la production exportable du Soudan et du Haut
Niger pourrait atteindre, annuellement :

Mil	2.000.000	de tonnes.
Arachides	2.000.000	—
Riz	100.000	—
Viande	200.000	—
Peaux	20.000	—
Coton	280.000	—
Alcool	500.000	—
Produits forestiers	300.000	—
Produits divers	10.000	—
soit un total de	5.410.000	tonnes.

A raison de 500 tonnes par train, il faudrait 10,820 trains pour l'évacuation, soit 30 trains par jour.

Des adversaires du Transsaharien ont reproché à M. le Colonel Abadie son optimisme. Il ne faut pas oublier, cependant, qu'ayant longtemps séjourné en Afrique noire, il a pu à loisir en étudier les ressources et se former une conviction. Mais, si l'on veut, réduisons de dix fois les prévisions de cet homme si compétent, si informé. Il resterait encore trois trains par jour, trois trains de marchandises. Or, les frais d'exploitation du Transsaharien devant être très réduits parce qu'il n'y aura, en cours de route, que les arrêts nécessaires pour le ravitaillement des locomoteurs, c'est-à-dire très peu de gares et très peu de personnel, ce trafic serait déjà suffisant pour éviter un déficit.

Mais, aux marchandises, il faut ajouter les voyageurs et, sur ce point, on peut être assuré que les wagons ne circuleront pas à vide. Le projet Berthelot avait été établi en négligeant en quelque sorte les marchandises, en ne tenant compte que du trafic voyageurs et il aboutissait à des recettes supérieures aux dépenses. M. Berthelot a calculé que 55 à 60 voyageurs par jour, dans chaque sens, permettraient au chemin de fer de couvrir ses dépenses, et il affirme que « le trafic des voyageurs peut suffire à rémunérer la ligne » dès la mise en exploitation.

Retenons, à l'appui de ces prévisions, que le chemin de fer offrira de tels avantages aux voyageurs que ceux-ci lui donneront inévitablement la préférence. Le gain de temps sur le paquebot sera en moyenne de huit à quinze jours et le prix du voyage moins élevé.

Les perspectives de développement du transport des voyageurs sont d'autant plus brillantes que fatalement le Transsaharien ne sera que l'amorce du Transafricain ; son prolongement vers le lac Tchad et le bassin du Congo se réalisera certainement et l'Angleterre et la Belgique ont un intérêt majeur à ce qu'il en soit ainsi. Cette ligne impériale française sera, en effet, d'une utilité primordiale pour ces deux pays, car elle leur donnera également un accès facile et rapide vers leurs grandes colonies africaines. L'un et l'autre comprendront tous les avantages qu'ils auront à souder leur réseau de pénétration à notre Transafricain. L'Angleterre, elle-même, reconnaîtra vite que celui-ci constitue une voie plus rationnelle, plus naturelle, plus économique pour relier ses possessions africaines à l'Europe, que son Transafricain du Caire au Cap.

Aussi pouvons nous être assurés que la cause du Transsaharien, préface du Transafricain, trouvera toutes les sympathies en Angleterre et en Belgique.

Dans son rapport au Conseil supérieur de la Défense nationale, M. Albert Mahieu a admirablement exposé cet aspect du problème et parmi les conséquences qu'il en tire, celle-ci doit particulièrement retenir notre attention.

— Il faut ajouter que les voyageurs qui se rendent de l'Afrique centrale dans les pays d'Europe autres que la France, prennent des bâteaux étrangers. Le jour où il existera un chemin de fer met-

tant Bangui à 8 jours de Londres, d'Anvers et de Rotterdam, un grand nombre de voyageurs étrangers utiliseront le Transafricain français jusqu'aux ports algériens, puis les navires français jusqu'à Marseille et les chemins de fer de France. Il pourra y avoir ainsi un détournement de trafic d'une importance exceptionnelle pour les entreprises de transport nationales. »

Tout ceci est très juste et nous y trouverons même un élément de détermination essentiel, quand nous examinerons plus loin la question du tracé du Transsaharien. Nous en retiendrons seulement, pour le moment, que l'entreprise à laquelle la France est conviée est aussi vaste par ses proportions techniques que par ses répercussions économiques.

Pénétrons nous bien de celles-ci, avant de nous effrayer de celles-là. La dépense de construction et d'équipement du Transsaharien, d'Oran à Ouagadougou, qui représente le tracé adopté en 1923 par le Conseil supérieur de la Défense nationale, est évaluée *à deux milliards environ, deux milliards qui peuvent être considérablement réduits si nous voulons et si nous savons utiliser les prestations en nature du plan Dawes.* En regard, imaginons d'ores et déjà la position qu'occupera la France dans le continent africain, l'essor économique qu'elle lui vaudra. Il n'y a pas disproportion entre l'effort et ses résultats ; l'entreprise vaut d'être tentée. Elle est digne de notre pays, de ses traditions, de son idéal.

Entendons ces paroles adressées, le 9 février dernier, au grand public du Radio colonial, par M. Le

Trœcquer, ancien ministre des Travaux publics, lequel fut à la veille de faire aboutir le projet de Transsaharien, en 1923-1924 :

— Au reste, si certains étaient tentés d'hésiter, qu'ils n'oublient pas les enseignements du passé, qu'ils aient présent à l'esprit l'exemple du Sénégal où l'on vit des régions qui semblaient désertiques avant la construction du chemin de fer, mises en culture et produire abondamment des arachides avant même que la voie ne fût terminée ; que l'on se souvienne de l'effort admirable accompli par la grande Bretagne avec son réseau hindou de 40,000 kilomètres de développement ; — sa ligne du Cap au Caire à peu près réalisée ; — les 1,500 kilomètres de ses possessions sud africaines ; — les 1,000 kilomètres de l'Est africain ; — les 5,000 kilomètres de voies égyptiennes ; — les 2,000 kilomètres de la Nigéria.

« Que l'on songe aux 5,000 kilomètres construits par les Hollandais dans la seule île de Java ; — aux 1,000 kilomètres mis en exploitation par l'Amérique dans l'île de Manille ; — aux 2,000 kilomètres de rails construits par les Belges au Congo. On comprendra alors l'impérieux devoir qu'a la France de poursuivre l'exécution de réseaux appelés à desservir des régions qui ne demandent que le rail pour connaître la prospérité et la richesse...

« Que de difficultés auraient été évitées, que de services auraient été rendus à la défense nationale, au cours de la dernière guerre, si des voies ferrées reliant entre elles certaines de nos possessions coloniales avaient permis de conduire jusqu'aux ports

algériens ces troupes indigènes venues en masse au secours de la Métropole en danger.

« Que de richesses qui dorment ! richesses du sous sol, richesses forestières, richesses agricoles qui, mises en valeur par une voie ferrée, contribue- raient à libérer notre pays du lourd tribut qu'il paie à l'étranger pour l'importation des matières premières nécessaires à son alimentation ou à son industrie : blé, caoutchouc, coton, arachides, alfa, bois de toutes essences, minerais de toutes sortes, etc. »

Nous nous extasions sur la prospérité inouïe atteinte par certaines régions des Etats-Unis, du Canada, de l'Amérique du Sud. Mais cette pros- périté n'a commencé qu'après la construction des chemins de fer, ne s'est développée qu'avec eux, ne s'est épanouie que par eux. Il ne faut pas voir les régions traversées par les Transcontinentaux américains dans leur splendeur actuelle ; il faut se les représenter telles qu'elles étaient avant que la voie n'y pénètre : désertiques, arides, incultes. Qui oserait aujourd'hui taxer d'imprudence, de mégalomanie, de folie, les audacieux qui ont voulu ces chemins de fer ? Et, cependant, ces hommes aussi ont eu, en leur temps, des adversaires, des détracteurs, des critiques. Ils ont osé quand même...

Suivons leur exemple et **FAISONS LE TRANS- SAHARIEN.**

VI

Les projets préliminaires
de Transsaharien

Lorsque l'on parle du Transsaharien, il ne faut pas croire que l'on se trouve en présence d'une vague suggestion, d'une conception imprécise, d'un simple vœu soudainement proposé à l'agrément de l'opinion publique. Nous sommes déjà sortis de la « période romantique » du Transsaharien. Les enquêtes et les études ont été poussées si avant qu'un *projet officiel* existe et dort depuis quatre ans dans les cartons du Ministère des Travaux publics.

Nous n'allons pas entreprendre l'historique du Transsaharien. Nous rappellerons simplement que, dès 1851, le général Hanoteau en lançait l'idée. Mais il fallut attendre 1878 pour voir cette idée prendre véritablement corps. A ce moment, en effet, l'ingénieur des Ponts et Chaussées Duponchel présenta un projet au Ministre des Travaux publics de l'époque, M. de Freycinet, qui en fut tellement séduit qu'il créa aussitôt une « Commission du Transsaharien », dotée d'un crédit de 600,000 francs. Celle-ci chargea quatre missions d'aller procéder à des études dans le Sahara même. Leurs travaux apparurent si intéressants que le colonel Flatters fut prié d'accomplir un second voyage. Hélas ! il devait tomber, avec tous ses hommes, dans une embuscade, au puits de Hassi Tadjemout, au Nord-Est du Hoggar (16 février 1881).

Le massacre de la mission Flatters, outre la perte d'un brillant officier et de tant de braves gens, eut pour conséquence l'abandon momentané du Transsaharien, l'entreprise apparaissant trop périlleuse. Il fallut attendre 1898 pour voir reprendre la question, avec la mission Foureau-Lamy, laquelle, ayant traversé tout le Sahara et atteint le lac Tchad, se prononça sans réserves pour la construction d'un chemin de fer.

Cet exemple fut contagieux et il eut pour résultat une floraison de missions et de projets, les uns purement théoriques, les autres appuyés sur des bases pratiques, c'est-à-dire sur des explorations prolongées et minutieuses du désert. On peut assurer que, de 1898 à 1914, le Sahara fut étudié dans tous les sens et dans tous les itinéraires possibles, et par les militaires, formant une admirable équipe de Sahariens, entreprenants et audacieux, ayant à leur tête celui qui devait devenir le général Laperrine, et par les ingénieurs les plus qualifiés par leur expérience technique.

Le Transsaharien bénéficiait donc d'une actualité de premier plan et l'on apercevait déjà le moment prochain où l'on pourrait passer à la réalisation, quand survint la guerre. Une fois encore le silence se fit sur lui. Mais la guerre même, par la large utilisation de l'armée noire, conception dont le général Mangin fut le défenseur le plus illustre, par les services considérables que rendit cette armée noire, allait imposer définitivement à l'attention des pouvoirs publics le problème du Transsaharien. En outre, venait se greffer sur l'aspect défense nationale, l'aspect matières premières, de telle sorte que la construction du chemin de fer se présentait désormais à la fois comme une garantie de sécurité pour la France et comme un élément de puissance économique. Aussi la paix était-elle à peine conclue, que le Gouvernement saisissait, au début de l'année 1922, le Conseil supérieur de la Défense nationale de la question du Transsaharien.

Ce court exposé n'a pas pour but, répétons-le, d'énumérer les vicissitudes du Transsaharien à travers le temps, mais uniquement d'indiquer que, lorsque les événements eurent mûri suffisamment la question pour l'imposer comme une nécessité nationale, on ne se trouva pas pris de court et dépourvu d'études préalables, sérieuses et approfondies. A la vérité, on avait tellement multiplié les études, de si nombreuses initiatives s'étaient manifestées, qu'il en était résulté ce que l'on a plaisamment appelé la « querelle des tracés ». Non seulement chaque technicien avait le sien, qu'il paraît de toutes les vertus, qu'il dotait de toutes les supériorités, mais encore chaque département algérien revendiquait l'honneur de posséder la tête de la ligne ferrée, multipliant les arguments capables de militer en sa faveur.

Si la compétition entre techniciens se justifiait, la rivalité entre départements algériens, avouons-le franchement, était superflue et c'était méconnaître le fond même de l'affaire que d'en donner le spectacle. Le Transsaharien, en effet, n'a jamais été une question algérienne, mais une question exclusivement nationale. On n'a jamais songé à construire le Transsaharien pour assurer des débouchés à l'Afrique du Nord, pour accroître ses possibilités de prospérité, mais pour permettre à la France de disposer dans les meilleures conditions de toutes ses forces, de toutes ses ressources, dans la paix et surtout dans la guerre. Dès lors, l'intérêt particulier que pouvait avoir tel ou tel département, tel ou tel port, à être l'une des extrémités du rail transafricain, ne devait compter pour rien dans la solution. On avait à satisfaire non pas les ambitions d'Alger, non pas les ambitions d'Oran, non pas les ambitions de Philippeville, non pas les ambitions de Tunis, mais, dans un ordre de préoccupations plus général et plus élevé, à découvrir, à établir, à adopter le tracé répondant le mieux, au point de vue militaire, au point de vue économique, au point de vue ferroviaire enfin, aux conditions exigées pour que le futur Transsaharien remplît pleinement et efficacement sa mission, toute sa mission.

On se leurrait singulièrement, on le voit, en pensant, en Algérie, que par des campagnes de presse, par des démarches, par des interventions, par le jeu d'influences si autorisées soient-elles, il serait possible de décrocher la timbale. L'intérêt général primait toutes autres considérations et dominait de haut les intérêts particuliers. Il ne s'agissait pas de faire cadeau à un département algérien d'un grand chemin de fer, mais de pourvoir la France d'un puissant instrument de défense nationale et de développement économique.

Ainsi se présentait la question, lorsque, au début de l'année 1922, elle fut soumise à l'examen du Conseil supérieur de la Défense nationale, par le Gouvernement préoccupé de donner à la France toutes les garanties de sécurité indispensables pour l'avenir.

Le Conseil se trouva immédiatement saisi de multiples projets présentés pour la plupart par des techniciens éprouvés :

Projet Souleyre ;
Projet Berthelot ou projet Legouez-Jullidière ;
Projet Sabatier ;
Projet Godefroy ;
Projet général Calmel ;
Projet Fontaneilles.

A l'exception du projet Souleyre, tous se prononçaient finalement pour le tracé par l'Ouest (Oran-Niger). Parmi eux, l'un offrait une valeur technique toute particulière, le projet Berthelot-Legouez-Jullidière, souvent appelé aussi projet Nieger et voici pourquoi :

En 1911, l'Union française pour la réalisation des chemins de fer transsahariens avait décidé de faire procéder à une étude complète. A cet effet, elle constitua deux missions, l'une chargée de reconnaître le tracé algérien et dirigée par un ingénieur des Ponts-et-Chaussées, M. Maitre-Devallons, l'autre chargée de reconnaître le tracé saharien et dirigée par le capitaine Nieger.

Le travail de cette double mission réunit assurément les documents les plus précieux et les plus sérieux obtenus jusque là sur le Transsaharien ; il compte, en effet, le levé de plus de quinze mille kilomètres d'itinéraires et les coordonnées de cent cinquante points. Le capitaine Nieger, en ce qui le concerne, opéra jusqu'au lac Tchad et c'est sur ses renseignements et documents que fut conçu le projet Berthelot-Legouez-Jullidière.

On doit souligner également le vif intérêt des projets Godefroy et Fontaneilles, bientôt confondus en un seul et dont maintes suggestions méritaient une particulière attention.

Le Conseil supérieur de la Défense nationale *reconnut tout d'abord l'utilité, la nécessité de la réalisation du Transsaharien, dans son principe.* Puis, suivant sa procédure habituelle, il chargea sa Commission d'études de trancher la question du tracé. Cette commission, après un examen comparatif des projets, décida d'adopter pour base de ses travaux, le projet Fontaneilles-Godefroy et le projet Berthelot-Legouez-Jullidière, lesquels présentaient de nombreux points communs et dont il semblait facile de fondre les avantages réciproques en un seul projet.

Dès cet instant, un grand pas était franchi, puisque le Conseil supérieur de la Défense nationale proclamait qu'il fallait absolument **FAIRE LE TRANSSAHARIEN.**

VII

Le projet officiel de Transsaharien

La Commission d'études du Conseil supérieur de la Défense nationale étudia minutieusement la question du Transsaharien au début de l'année 1922. Elle avait tout d'abord précisé les buts à atteindre, fixé les conditions que devait remplir le meilleur tracé du Transsaharien. Et c'est par la confrontation des divers tracés proposés avec ces buts, avec ces conditions, que devait se dégager la décision. Obéissant à une souveraine logique, on recherchait le tracé approprié au chemin de fer voulu et non le chemin de fer exigé par un tracé déterminé. La délibération restait donc ouverte et, à ce moment encore, chacun des départements algériens pouvait aspirer à la chance d'être choisi comme point de passage de la grande voie africaine...

Mais sur quelles directives initiales travaillait la Commission d'études du Conseil supérieur de la Défense nationale ?

Les voici, telles que les expose le rapport de M. A. Mahieu :

*— Le but à atteindre par une liaison transsa-
harienne envisagée du point de vue de la Défense
nationale peut se définir comme suit :*

*1° Obtenir une soudure aussi intime que possible
de nos possessions africaines afin de leur donner,
en temps de paix, des relations rapides et faciles ;*

*2° Assurer en temps de guerre, à la Métropole,
des communications aussi peu vulnérables que
possible avec le réservoir des ressources de toute
nature que constituent nos possessions noires ;*

*3° Lui permettre, enfin, de faire sentir en tout
temps son action sur l'ensemble des colonies d'Afrique et de coordonner leurs efforts. »*

Voilà les principes généraux, voilà l'idée direc-
trice. Voici maintenant leur application pratique
au tracé type, au tracé qui les réalisera dans la
plus large mesure :

*— Par suite, le tracé d'une telle voie doit remplir
les conditions suivantes :*

*1° Avoir un point d'origine en Afrique occiden-
tale française relié au réseau de ce groupe de
colonies, proche du centre de gravité des zones
à exploiter, tant au point de vue du recrutement
de nos tirailleurs et travailleurs indigènes qu'à
celui de l'exploitation des ressources de toute nature
de son sol ;*

*2° Avoir une région d'aboutissement en Afrique
du Nord située en Méditerranée, aussi rapprochée
que possible de la Métropole, desservie par un ou
plusieurs ports puissants et permettant, pour le cas
de guerre, de donner aux convois maritimes
le maximum de sécurité ;*

3° Etre le moins vulnérable possible, c'est-à-dire éloigné de la mer et des territoires soustraits à notre influence ;

4° Etre aussi court que possible, tant pour en abréger la durée du trajet que pour en diminuer les frais de premier établissement et, par la suite, d'exploitation ;

5° Permettre un prolongement ultérieur vers le Tchad et le Congo dans des conditions avantageuses au point de vue de la Défense nationale, aussi bien qu'au point de vue économique. »

Ces principes arrêtés — et on conviendra qu'ils formulaient avec une netteté saisissante les buts recherchés par la construction du Transsaharien — la Commission d'études du Conseil supérieur de la défense nationale n'avait plus qu'à arrêter le tracé supérieur, le tracé répondant le plus complètement aux conditions posées à la fois au point de vue économique et au point de vue militaire. Au cours de sa délibération du 8 avril 1922, elle prenait la décision qui allait définitivement orienter l'affaire du Transsaharien et substituer aux multiples projets en compétition, un projet type, un projet de caractère officiel, établi en toute indépendance, en toute impartialité, en négligeant les intérêts particuliers pour ne tenir compte que de l'intérêt national.

M. Albert Mahieu, désigné par la Commission d'études pour occuper les fonctions de rapporteur, a indiqué en ces termes dans quelles conditions cette commission avait travaillé et à quelles préoccupations elle avait obéi :

— *Saisie de la question des liaisons transsahariennes, la Commission d'études du Conseil supérieur de la Défense nationale l'a examinée au point de vue des intérêts généraux du bloc franco-africain, avant de formuler un premier avis, dans sa délibération du 8 avril 1922.*

« *A vrai dire, tous les projets qui lui étaient soumis s'inspiraient déjà plus ou moins directement de ces intérêts supérieurs et tendaient plus ou moins heureusement à leur satisfaction. Mais en une telle matière, conditionnée par les intérêts politiques, militaires, économiques et financiers les plus élevés, il appartenait aux représentants du Conseil supérieur de la Défense nationale de n'accepter qu'avec la plus grande circonspection les diverses hypothèses, de ne tabler que sur les faits positifs, de soumettre à un examen rigoureux, au point de vue de la défense nationale, les caractéristiques des projets présentés et de dégager de leur confrontation avec tous les intérêts en présence, la solution permettant de satisfaire les plus essentiels.*

« *La Commission d'études avait sous les yeux des cartes reproduisant les éléments de la géographie saharienne, les principaux chiffres du recensement officiel de 1921 en ce qui concerne la population et le cheptel de la Mauritanie, du Sénégal, du Soudan, de la Guinée, de la Côte d'Ivoire, du Dahomey, du Togo, de la Haute Volta et du territoire du Niger. Ces cartes délimitaient en outre les régions propres aux principales cultures et représentaient le tracé des divers projets de chemin de fer transsahariens.*

« *Appelée, le 8 avril 1922, à délibérer sur la ques-*

tion, la Commission d'études devait se prononcer sur l'opportunité de l'établissement d'une grande voie transsaharienne, sur la fixation de son origine, de son aboutissement et des grandes lignes de son tracé dans les conditions optima. »

La Commission d'études proclame tout d'abord l'opportunité de la construction du Transsaharien, pour des raisons économiques et pour des raisons militaires, pour assurer la mise en commun des ressources de la Métropole et de ses possessions d'Afrique et pour permettre l'utilisation des ressources africaines en temps de guerre, en réduisant au minimum la ligne de communication maritime à défendre.

Constatant ensuite que le programme de mise en valeur établi par M. Albert Sarraut, ministre des Colonies, fait converger les voies ferrées projetées en Afrique occidentale, à Ouagadougou, capitale de la Haute Volta, située au centre de la boucle du Niger, elle fixe en ce point l'aboutissement du Transsaharien, avec point de passage sur le Niger, à Tosaye.

La Commission tranche enfin la question si délicate et si controversée du point de départ en Afrique du Nord.

Mais ici, laissons encore à M. Albert Mahieu le soin d'énumérer les considérations décisives qui ont déterminé le choix de la Commission d'études :

— Par ailleurs, l'étude préalable des tracés proposés fait ressortir que le minimum de parcours désertique entre le Niger et la ligne des Ksour habités en permanence de l'Afrique du Nord

se réalise sur une ligne tendue entre Tosaye et la région frontière du Touat et du Tidikelt, cette région étant l'aboutissement de la vallée constamment irriguée de la Saoura.

« Au Nord d'Aoulef, la poursuite de l'itinéraire deviendrait une question purement algérienne et la voie pourrait s'acheminer à travers de nouveaux espaces désertiques, vers Touggourt et Biskra, par la ligne d'étapes parfaitement connue et praticable d'In Salah, Inifel et Ouargla. **Mais une raison supérieure même à la grande importance économique et financière du trajet intervient immédiatement pour orienter le tracé optimum vers Colomb-Béchar et la région d'Oran, par Adrar et Beni-Abbès.** *Sans faire état des brillantes perspectives de développement industriel envisagées par M. Sabatier dans le Sud oranais riche en minerai de toute sorte, disposant des charbons de Kenadsa,* **l'obligation de réduire au minimum la partie vulnérable du parcours maritime, impose, peut-on dire, dans le problème posé, le choix de la région d'Oran comme centre principal de transit en temps de guerre, entre l'Afrique du Nord et la Métropole.**

« Au surplus, la région oranaise, depuis longtemps comprise dans l'active circulation du réseau ferré algérien et qui va prochainement recevoir l'importante greffe du réseau marocain, se trouve au confluent de puissants courants économiques. Cet aspect de la question ne peut que donner plus de prépondérance au point de vue de la défense nationale...

« **En toute hypothèse d'avenir, la région d'Oran s'impose comme point d'aboutissement d'un chemin de fer transsaharien.** *»*

Et la Commission d'études du Conseil supérieur de la Défense nationale de conclure :

— **En ce qui concerne la sécurité des convois maritimes, le point d'aboutissement optimum du Transsaharien en Méditerranée est Oran. C'est le port qui permettrait aux convois de gagner le plus rapidement les eaux territoriales de l'Espagne et ensuite les ports français.**

« Les études poursuivies par la Commission d'études devront donc se concentrer sur les projets de Transsaharien reliant l'Algérie (région d'Oran) à la boucle du Niger. »

Les travaux de la Commission d'études se poursuivaient sur ces directives et finalement, dans sa séance du 11 juin 1923, le Conseil supérieur de la Défense nationale *émettait l'avis que la réalisation d'une voie ferrée reliant l'Afrique du Nord à l'Afrique occidentale est une nécessité, que le projet à retenir doit aller de Ras-el-Ma-Crampel, où il se raccordera au réseau algérien, à la boucle du Niger, par Tosaye ; que le point d'aboutissement sera choisi dans la région d'Ouagadougou ; que le tracé devra être, en zone désertique, celui qu'a étudié la mission Niéger, d'après les directives du général Laperrine ; que la ligne doit être à voie normale de 1 m. 44 ; que la traction devra se faire par locomoteur à combustion interne sans préjudice des possibilités d'électrification et qu'il y aurait lieu de provoquer la formation d'une Société concessionnaire pour la construction et l'exploitation.*

Les caractéristiques du tracé adopté étaient justifiées en ces termes, par rapport aux cinq conditions arrêtées au début des travaux et que nous avons citées dans les premières pages de ce chapitre :

1° Son origine est Ouagadougou, centre de gravité des populations et des richesses et future plaque tournante des voies ferrées de l'Afrique occidentale française.

2° Son aboutissement en Méditerranée est la région d'Oran, desservie par les ports d'Oran, de Mers-el-Kébir, d'Arzew qui représentent le maximum de garanties pour la sécurité des convois maritimes vers la France.

3° La protection de la ligne se présente dans les conditions optima.

(Suivent des considérations sur les moyens d'assurer la sécurité saharienne.)

4° Le tracé se présente dans des conditions avantageuses aussi bien en ce qui concerne la longueur des voies à construire (Ras-el-Ma-Ouagadougou) qu'en ce qui concerne la longueur de la ligne à exploiter (Oran-Ouagadougou).

5° Permet un prolongement éventuel sur le Tchad et le Congo. »

Ainsi, la haute autorité du Conseil supérieur de la Défense nationale a fixé le sort du Transsaharien : il partira d'Oran et aboutira à Ouagadougou, au centre de la boucle du Niger, et cette décision devrait mettre un terme à la compétition entre les départements algériens. Si Oran bénéficie du choix, il ne le doit à aucune intervention particulière, à aucune influence supérieure, mais simplement à sa position géographique en Méditerranée, à la configuration géologique du Sahara : le tracé Oran-Ouagadougou est le plus court, il sera le plus facile à construire, le plus économique à exploiter et, par dessus tout, en cas de conflit armé, il assurera aux convois navals la moindre vulnérabilité.

Le Gouvernement se trouve aussitôt saisi de l'avis du Conseil supérieur de la Défense nationale ; il le fait examiner par le Conseil des Ministres qui décide qu'un projet de loi sera, sans tarder, présenté au Parlement, en vue d'autoriser la construction d'un chemin de fer transsaharien d'Oran à Ouagadougou.

Le Ministère des Travaux publics se met à l'œuvre. La Compagnie P.-L.-M. présente, le 20 juillet 1923, une demande en concession. Les projets de convention et de cahier des charges sont établis. Le Ministre et la Compagnie P.-L.-M., complètement d'accord, les signent en octobre 1923. Il n'y a plus qu'à faire ratifier les termes définitifs du projet de loi par le Conseil des Ministres, avant de le déposer sur le bureau de la Chambre.

Enfin, on va aboutir...

Mais le Transsaharien est poursuivi par la guigne et un nouvel avatar, en lui faisant perdre deux ou trois mois, va, au bout du compte, le reléguer dans les cartons du Ministère des Travaux publics où il dormira pendant quatre ans encore, jusqu'en 1927.

Le Cabinet aux affaires en 1923 était présidé par M. Poincaré et le département des Travaux publics était occupé par M. Le Trocquer. C'est ce dernier qui avait fait établir le projet de loi. Or, son texte, soumis au Conseil des Ministres au mois de décembre, souleva quelques objections de détail, nous a raconté M. E. du Vivier de Streel, si averti de tout ce qui touche au Transsaharien.

Ces objections étaient formulées par des collègues de M. Le Trocquer dont les services n'avaient pas été consultés. Le Transsaharien intéresse, en effet, l'Algérie et l'Afrique occidentale, voire le Maroc. Or la première relève du Ministère de l'Intérieur, la seconde du Ministère des Colonies, le troisième du Ministère des affaires étrangères et tous à la fois du Ministère de la Guerre et du Ministère de la Marine. La sainte « forme » voulait que chacun de ces départements ratifiât au préalable les propositions des Travaux publics, ce qui n'avait pas été fait pour tous. Devant un pareil scandale, le Conseil des Ministres décida de renvoyer à chaque ministère les textes de M. Le Trocquer. Ce voyage circulaire exigea quatre mois et l'année 1924 était déjà entâmée quand il se termina.

Entre temps, hélas ! la situation financière et politique de la France avait changé. Soudain s'était déclanchée la première offensive contre le franc, offensive brisée avec un complet succès. La crise n'en avait pas moins été émouvante et elle avait fortement impressionné l'opinion publique. De plus, l'approche des élections législatives rendait de plus en plus nerveux les milieux parlementaires.

M. Poincaré, un beau matin, sur un projet relatif aux pensions, est inopinément mis en minorité. Il reste cependant au pouvoir, s'étant simplement séparé de son ministre des Finances, M. de Lasteyrie. Alors s'engage devant la Chambre, autour des projets financiers, la lutte mémorable des fameux décrets-lois et du double décime. Quand elle est terminée, on est déjà en pleine campagne électorale ; la législature est virtuellement terminée.

Puis ce sont les élections du 11 mai 1924, le retour de la crise financière, la hausse des changes, l'affaissement de notre monnaie, les difficultés de Trésorerie, l'inflation. Durant deux années, se déchaîne sur la France et la bouleverse une agitation politique où les Ministères tombent les uns après les autres et qui cessera seulement à la fin de juillet 1926, avec le retour de M. Poincaré aux affaires et la constitution de son Cabinet d'union nationale.

Sous la bourrasque, on n'a, bien entendu, plus parlé du Transsaharien, dans les Conseils de gouvernement ; on avait d'autres chats à fouetter. Par ailleurs la chute du franc ne lui a-t-elle pas porté un coup fatal dont il ne se relèvera pas de longtemps ?

Beaucoup le pensent, mais ceux qui jusqu'ici ont lutté pour la constitution du bloc africain français par le rail voient, au contraire, dans nos difficultés financières et dans le déséquilibre économique qui en résulte, de nouvelles raisons, et impérieuses, en faveur du projet qui leur est cher. A la lueur des événements, il apparait plus clairement encore, en effet, que la France doit rechercher et trouver les moyens de son relèvement chez elle et dans ses Colonies. Le mot d'ordre pour tous les Français de la Métropole et des Colonies est de travailler et de produire plus que jamais. Alors, il faut tirer tout le parti possible de l'Afrique française, alors **IL FAUT FAIRE LE TRANSSAHARIEN.**

VIII

La résurrection du Transsaharien

La crise financière avait ainsi eu pour conséquence de mettre en sommeil le projet du Transsaharien. Pendant deux ans, on n'en parla plus ou presque plus. Mais les circonstances voulurent bientôt que le Sahara passât brusquement au premier plan de l'actualité. Le projet du Transsaharien en fût, du coup, ressuscité.

S'il n'était plus permis de parler de chemin de fer, en effet, rien n'empêchait de tenter d'aborder les régions sahariennes avec l'automobile. Déjà, en pleine guerre, on avait entrepris quelques expériences dont les résultats avaient été assez satisfaisants. Les Anglais, au Soudan, notamment, avaient obtenu de grands services de l'automobile en y adaptant le système de propulsion « à chenilles » utilisé sur le front pour les chars de combat.

Aussi, quand on annonça, en France, que le grand constructeur Citroën organisait une mission qui, sous la direction de MM. Haardt-Audouin-Dubreuil, devait tenter la traversée du Sahara en automobile, l'opinion publique se passionna-t-elle pour l'entreprise, dans laquelle elle voyait avant tout un gigantesque raid sportif.

La mission Haardt-Audouin-Dubreuil accomplit avec un plein succès sa randonnée, effectuée sur des autos à chenilles. Elle atteignit Tombouctou et en revint sans accident. Le Sahara était à la mode.

Ici, il faut noter un fait très important : il allait se passer pour l'automobile au Sahara ce qui était précédemment arrivé pour le chemin de fer au Sahara. Les études, effectuées en premier lieu dans l'Est de l'Algérie, allaient se transporter irrésistiblement dans l'Ouest, tant il est évident, tant il est vrai que la grande route naturelle pour aller de l'Algérie en Afrique occidentale, coincide avec le tracé adopté par le Conseil supérieur de la Défense nationale pour le chemin de fer transsaharien : Oran-Colomb Béchar-Sahara-Niger.

La première mission Haardt-Audouin-Dubreuil avait suivi l'itinéraire Ouargla (Sud constantinois) Hoggar-Niger. Mais elle avait rencontré souvent, en cours de route, les plus pénibles difficultés de terrain. Aussi, après enquête, M. Citroën décida-t-il d'expérimenter le tracé par l'Ouest, et lorsque, rassuré par les résultats obtenus, il résolut de créer un service automobile régulier entre l'Afrique du Nord et le Niger, adopta-t-il Colomb-Béchar (Sud oranais) pour base de départ, le chemin de fer de Colomb-Béchar à Oran assurant la plus confortable des liaisons (wagons lits, wagon restaurant) avec la cote de la Méditerranée.

Mais l'auto à chenilles ne devait avoir qu'un temps. L'expérience, en effet, montra que le Sahara n'en demandait pas tant et qu'on pouvait s'y aventurer, sans courir plus de risques, sur des voitures à pneus, sur des six roues. La substitution du pneu à la chenille rendait immédiatement plus facile la traversée du désert, en permettant une bien plus grande vitesse de marche.

C'est alors que se constitua la Compagnie générale transsaharienne dont les animateurs, M. Gradis et les frères Estienne, accomplirent successivement de retentissantes prouesses.

Jeunes, audacieux, méthodiques, organisateurs, les frères Estienne ont eu l'honneur, on peut le dire sans exagération, non seulement de réaliser la traversée pratique du Sahara, mais encore de fixer sur le terrain *la route transsaharienne définitive.*

Au centre du Sahara s'étend cette région d'horreur, qu'on appelle le Tanezrouft, le pays de la soif et de la mort, où n'existe pas la moindre végétation, où ne se rencontre pas la moindre trace de vie animale. Avant les frères Estienne, pour descendre vers le Niger, on obliquait, au départ d'Adrar, sensiblement vers l'Est, de façon à ne suivre que la lisière du Tanezrouft, par les points d'eau d'Ouallen et de Tessalit, et à ne traverser plus au Sud, qu'une pointe relativement peu profonde de la terrible terre. Ils ont pensé, eux, qu'une auto suffisamment approvisionnée en essence et en eau pourrait au contraire, grâce à sa vitesse, franchir le Tanezrouft dans sa plus grande largeur et raccourcir ainsi sensiblement l'itinéraire. Ils ont tenté l'expérience et elle a brillamment réussi ; ils ont vaincu

le Tanezrouft où ils ont trouvé le sol le plus propice
à l'automobile, un sol ferme et uniformément plat,
un autodrome colossal permettant les grandes
allures.

Les traversées successives du Sahara effectuées
par la mission Haardt-Audouin-Dubreuil puis par
les Gradis, les Delingette, les Courtot, les de Ker-
viller, et, surtout, par les frères Estienne trouvèrent
naturellement un profond écho dans la Métropole.
On s'apercevait enfin que le désert n'était pas infranchissable et qu'il suffirait de le pourvoir d'une
organisation appropriée pour avoir toutes facilités
de le traverser sans encombre. A la vérité, on dé-
couvrait enfin le « vrai visage » du Sahara, si l'on
peut dire, et on ne saurait mieux le comparer qu'à
une mer qu'il s'agit de parcourir le plus vite possible.

Et la réalité est bien telle : l'Afrique du Nord
et l'Afrique occidentale sont séparées par un
obstacle analogue à la mer. Quel que soit le moyen
de locomotion utilisé, la meilleure solution du problème de la jonction des deux pays sera celle qui
offrira la plus courte distance, franchissable à la
plus grande vitesse. Que ce soit pour l'automobile,
que ce soit pour le chemin de fer, le tracé idéal
est représenté par la ligne droite, puisque, passé
le Sud algérien, il n'y a plus rien au Sahara, que
le néant des zones désertiques sans la moindre
valeur économique. Or, c'est d'Oran à Tosaye, sur
le Niger, qu'on peut le plus aisément se rapprocher
du tracé idéal, parce qu'il n'y existe pas d'accidents
de terrain importants entraînant de larges dévia-
tions, obligeant à de longs détours.

Tout l'effort des frères Estienne, nous l'avons dit, a tendu à relever ce tracé idéal. Ils y sont parvenus et le voyage de la mission de la Chambre de Commerce d'Oran au Niger l'a démontré.

Au début de l'année 1926, en effet, la Chambre de Commerce d'Oran avait fait part au Gouverneur général de l'Algérie de son intention d'organiser une mission d'études qui, après avoir traversé le Sahara en automobile, se rendrait en Afrique occidentale. Séduit par cette heureuse initiative, le Gouverneur général décida que ce voyage serait organisé par l'Algérie et que chacun de ses départements aurait sa mission qui emprunterait un itinéraire différent. En fait, l'itinéraire saharien des missions d'Alger et de Constantine devait être identique, l'une et l'autre suivant la même piste à partir d'Inifel, jusqu'au Niger. On allait donc faire l'épreuve simultanée du tracé dit algéro-constantinois, par le Hoggar, et du tracé dit oranais, par le Tanezrouft.

Le voyage eut lieu en novembre-décembre. Pour toutes les missions, il se déroula sans incident, sans accident, et leurs membres eurent le bonheur d'effectuer la plus merveilleuse des randonnées, dont ils revinrent enthousiasmés. L'Afrique occidentale avait été une révélation pour eux et ils en rapportèrent la conviction profonde qu'il y avait une grande œuvre française à accomplir là-bas, mais qu'il fallait au préalable construire le Transsaharien.

Nous venons d'indiquer que le voyage s'était effectué dans de bonnes conditions pour toutes les missions, mais cela n'implique pas que ces conditions furent absolument identiques pour chacune d'elles. La mission de la Chambre de Commerce d'Oran, en effet, pilotée par le regretté René Estienne, battit, et de loin, le record de la traversée du Sahara. Elle ne mit que 8 **jours et 18 heures** pour aller d'Oran à Bourem, sur le Niger, tandis qu'il fallut **17 jours et 14 heures** à la mission d'Alger pour aller d'Alger à Bourem et **18 jours pleins** à la mission de Constantine pour aller de Constantine à Bourem. Nous aurons, plus loin, à revenir sur ces différences de temps considérables et à en tirer les conclusions qu'elles comportent. Nous ne retiendrons pour le moment que l'impression produite sur l'opinion métropolitaine par le succès du raid des missions algériennes.

La mission oranaise étant arrivée la première à Bourem, le télégraphe annonça à tous les journaux qu'elle avait atteint le Niger en 8 jours et 18 heures. Le public, dès ce moment, ne fit aucune démarcation entre les trois missions ; il ne s'attacha qu'à considérer le fait brutal de la traversée du Sahara accomplie par des touristes, sur un grand car de tourisme Renault à six roues, dans des délais si courts qu'on en était stupéfait. L'exploit accompli fut enregistré collectivement pour les trois missions algériennes et l'on se réjouit de voir réalisée la liaison Algérie-Niger d'une façon essentiellement pratique et susceptible d'être renouvelée autant qu'on le voudrait.

— Le Niger à huit jours de la côte méditerranéenne ! s'écria-t-on a l'envi. Mais, seule, la mission oranaise avait inscrit cet exploit à son actif.

L'initiative de la Chambre de Commerce d'Oran, annexée et amplifiée par le Gouvernement général de l'Algérie, avait donc pleinement abouti aux résultats espérés. Elle devait même les dépasser. Coincidant avec le redressement financier accompli par le Gouvernement d'union nationale de M. Poincaré, elle donna l'occasion à tous les partisans du Transsaharien, d'en appeler, une fois de plus, à l'opinion publique en faveur du grand chemin de fer africain.

Automobile ou chemin de fer ? ont, à ce moment, questionné quelques voix.

Il faut le reconnaître franchement, en dépit de ses succès, la liaison automobile, avec sa faible capacité de rendement, la fragilité de son fonctionnement, est incapable de réaliser la soudure du bloc africain. Au surplus, il convient de ne pas oublier que des services automobiles ne pourraient fonctionner que pendant cinq ou six mois de l'année.

La réponse ne saurait donc être douteuse : seul le chemin de fer peut réaliser le grand dessein poursuivi.

Et la campagne se développa avec un plein succès. Articles de journaux, tracts, brochures, conférences plaidèrent ardemment, éloquemment la cause du Transsaharien. Les esprits avaient été si bien préparés à une plus juste compréhension de la position de la France en Afrique, par l'épopée de l'automobile au Sahara, que la campagne porta jusqu'au Parlement, jusqu'au Gouvernement.

Le projet de Transsaharien était ressuscité.

A la Chambre, au Sénat, des commissions spéciales sont aussitôt formées en vue de l'étude des questions transsahariennes.

A la Chambre, répondant à une question de M. Morinaud, député de Constantine, le Ministre de la guerre, M. Painlevé, affirme, aux applaudissements de la presque unanimité de l'assemblée, la volonté du Gouvernement de remettre sur le chantier la question du Transsaharien et de la résoudre le plus rapidement possible.

Le général Girod, président de la Commission de l'armée, s'associe aux déclarations du Ministre de la Guerre.

Par ailleurs, en plusieurs circonstances, le Ministre des Colonies, M. Léon Perrier, le Ministre des Travaux publics, M. Tardieu, le Président du Conseil, M. Poincaré, disent le vif intérêt qu'ils portent au Transsaharien.

Ces intentions sont trop encourageantes pour ne pas les mettre en action. Aussi M. de Warren, député, prend-il l'initiative du dépôt d'une proposition de loi « tendant à l'octroi d'un crédit de 18 millions de francs pour l'étude technique définitive du Transsaharien ». La proposition de loi est renvoyée à la Commission de l'Algérie, des Colonies et Protectorats qui la fait sienne et charge M. Roux-Freissineng, député d'Oran, de la rapporter.

Cette proposition de loi devait être discutée par la Chambre avant sa séparation pour les vacances de juillet dernier. La discussion n'a pas eu lieu. Une fois de plus a surgi une question de procédure qui a déterminé un nouveau retard.

Le crédit de 18 millions doit, en effet, être attribué à une Société privée et il est logique que cette société privée soit la Compagnie qui, éventuellement, recevra la concession du Transsaharien. Or, le *Journal des Débats* a récemment fait connaître qu'il y avait compétition pour la demande en concession. A côté de la Compagnie P.-L.-M., sur les rangs depuis 1923 et avec laquelle M. le Trocquer, ministre des Travaux publics à l'époque, s'était mis d'accord sur un projet de convention et de cahier des charges, une autre Société revendiquerait l'attribution du Transsaharin. A la « querelle des tracés » viendrait ainsi s'ajouter une « querelle des demandeurs en concession » d'ou il ne pourrait résulter que de nouvelles et regrettables entraves au développement normal du projet.

Nous ne saurions prendre parti dans une pareille compétition. Nous nous bornerons donc à noter que la Compagnie P.-L.-M. est fondée à revendiquer un droit de priorité à conditions égales, non seulement en raison des tractations de 1923, mais encore parcequ'elle a fait procéder, en 1924, à des études préliminaires sur le terrain, depuis Ras-el-Mâ jusqu'à Beni-Abbès et surtout parcequ'elle exploite le réseau à voie large du département d'Oran et celui du Maroc.

Nous n'avons donc qu'à souhaiter la prompte intervention d'une décision sur ce point, pour que puisse être voté par le Parlement, au cours de sa prochaine session extraordinaire, le crédit d'études de 18 millions.

On pourrait dès lors penser que nous sommes à la veille de la solution définitive et que le Trans-

saharien va très rapidement entrer dans la période
d'exécution, assez rapidement pour être en état de
commencer à jouer son rôle à l'échéance de 1935,
époque où, par suite de l'évacuation des Pays
rhénans et de l'apparition de nos classes squeletti-
ques formées des jeunes gens nés pendant la guerre,
la France sera exposée à subir une crise de sécurité.
Eh bien ! malgré le vote du crédit de 18 millions,
il n'en sera rien. Nous n'en serons encore qu'aux
velléités, puisqu'on prétend reprendre « ab ovo »
l'étude du projet de Transsaharien, sans plus tenir
aucun compte des travaux accomplis, ni de l'avis
émis, en 1923, par le Conseil supérieur de la Défense nationale...

C'est que le Conseil supérieur de la Défense
nationale s'était prononcé sans réserves pour le
tracé par l'Ouest, *pour le tracé Oran-Colomb-Bé-
char-Tosaye-Ouagadougou !* Et voilà le fond de
l'aventure...

Le Conseil supérieur de la Défense nationale
a proclamé que, fut-il le moins favorable au point
de vue économique, le tracé oranais devrait néan-
moins être adopté en raison de sa supériorité militaire. Qu'importe ! Ça ne compte plus !

Or non seulement le tracé oranais à la supériorité
militaire, mais aussi, et de beaucoup, la supériorité
économique, parcequ'il est le moins long, parcequ'il se déroule, de bout en bout, à travers la zone
la moins accidentée. Il coûtera donc moins à construire, puis moins à exploiter que tout autre tracé.
Qu'importe ! Ça ne compte plus !

Et nous voilà retombés en pleine querelle des
tracés, dans cette querelle des tracés qui a déjà

fait perdre tant d'années, découragé tant de bonnes volontés !

Le Gouvernement, à la fin de 1924, s'était prêté à la réédition de cette comédie, pour satisfaire quelques hommes politiques algériens influents ayant une clientèle électorale à ménager ! Et voilà, une fois de plus, l'intérêt général sacrifié aux intérêts particuliers, une affaire nationale rapetissée au rang d'affaire algérienne !

Pourquoi, comment a repris la querelle des tracés ? Nous allons le préciser et l'on comprendra à quelles misérables préoccupations, à quelle stupide envie obéissent les adversaires algériens du tracé par l'Ouest — car, au fond de tout celà, il n'y a qu'une insensée rivalité entre départements algériens — alors que, le Conseil supérieur de la Défense nationale s'étant prononcé avec la plus absolue impartialité, toutes les énergies devraient s'accorder, s'unir autour de cette seule pensée : **FAIRE LE TRANSSAHARIEN.**

IX

La « querelle des tracés »

Qu'à l'origine, chacun des trois départements algériens ait ardemment souhaité d'être choisi comme tête de ligne du Transsaharien ; qu'Alger, Oran, Constantine se soient empressés de faire valoir, non pas leurs droits — les droits particuliers n'existent plus dans une question d'ordre national — mais leurs titres à devenir le port de transit méditerranéen du Transsaharien ; que dans l'Est, au Centre et à l'Ouest de l'Algérie, on se soit appliqué à mettre en relief les avantages certains ou illusoires que retirerait le Transsaharien de son passage sur ces territoires respectifs, il n'y avait là rien d'anormal et la revendication pouvait paraître légitime, à la condition, toutefois, de ne point verser dans l'obstruction et de ne point porter préjudice à la cause elle-même du Transsaharien.

Acceptable jusqu'en 1922-1923, jusqu'au moment où le Conseil supérieur de la Défense nationale se trouva saisi et fixa son choix, la « querelle des tracés » est devenue intolérable après la décision. Seuls nos embarras financiers, nos divisions politiques eussent dû influencer le sort du Transsaharien et, à l'instant où l'on reprenait le projet, en 1927, c'était, en toute bonne foi, en toute logique, en toute vérité, celui que les circonstances, en 1924, avaient obligé à mettre de coté, qui devait être purement et simplement retiré des cartons du Ministère des Travaux publics, poursuivi et mis à exécution.

Sinon, quel traitement inflige-t-on au Conseil supérieur de la Défense nationale ? On laisse tout simplement entendre que ses travaux ont été accomplis à la légère, que ses études ont été superficielles, qu'il s'est prononcé au petit bonheur et que sa décision fût irréfléchie, inconsistante et incertaine.

Mais à qui fera-t-on croire qu'un organisme comme le Conseil supérieur de la Défense nationale a pu se déterminer, dans une affaire qui doit coûter deux milliards, sans s'être entouré de toutes les garanties nécessaires, sans avoir longuement, sincèrement étudié tous les aspects du problème ? Et que doivent penser M. Albert Mahieu et ses collègues de la Commission d'études de voir jeter à bas avec cette désinvolture les résultats d'une année de labeur probe et désintéressé, de se voir taxer à la fois de partialité et d'incompétence ?

Quoi qu'il en soit, certains hommes politiques algériens se réjouirent aussitôt qu'ils virent le projet de Transsaharien avec tracé par l'Ouest rejeté dans les oubliettes par la crise financière. Cela leur permettait de gagner du temps et d'intriguer. Ils n'y manquèrent pas.

L'auteur de ces lignes habitant Oran, on suspecterait peut-être la véracité de cette assertion s'il ne l'appuyait sur aucun témoignage. Aussi allons-nous laisser à une personnalité sans attaches aucune avec l'Oranie, à une personnalité de Paris, le soin de nous éclairer sur la genèse de l'intrigue : M. E. Du Vivier de Streel.

M. E. Du Vivier de Streel est le président du Conseil national du rail africain. Il bataille depuis des années, avec un remarquable talent, avec une patriotique clairvoyance, en faveur du Transsaha-rien et il possède au mieux la question, dont il a suivi pas à pas le développement. Or, il a publié, dans la *Dépêche coloniale* du 10 juin 1927, précisé-ment à l'instant où la Chambre recevait la propo-sition de loi de M. de Warren tendant au vote d'un crédit d'études de 18 millions, un article où, sous le titre « *Un peu d'histoire* » il exposait, en un lumineux raccourci, toutes les vicissitudes du Transsaharien depuis 1878, et, faisant allusion à la mise en sommeil du projet, à la suite des événe-ments de 1924, il écrivait :

— On essaya cependant de ne pas retarder l'exé-cution des études préalables à la réalisation de l'œuvre transsaharienne. Un crédit de dix millions pouvait suffire pour l'établissement, sur le terrain, d'un tracé définitif. Un projet fut préparé en vue d'autoriser la Compagnie P.-L.-M. à emprunter cette somme.

« Alors intervint une opposition que l'on croyait écartée à la suite des résolutions formelles du Con-seil supérieur de la Défense nationale. Pour des raisons d'ordre militaire, celui-ci avait exigé que le futur Transsaharien partît d'Oran ; les partisans du tracé par Constantine protestèrent et réclamèrent une étude parallèle des deux tracés possibles. Cette opposition enleva au Gouvernement ce qui lui restait de bonne volonté ! »

On s'en doute, pour que le Gouvernement ait cédé, pour qu'il ait eu la faiblesse d'infliger une sorte de désaveu au Conseil supérieur de la Défense nationale, il a fallu que les récriminations constantinoises fussent d'ordre parlementaire.

Or le département de Constantine a la bonne fortune d'être représenté à la Chambre par le vénérable M. Thomson, le Mentor de la IIIe République, dont on vient de célébrer le cinquantenaire parlementaire. M. Thomson dispose d'une haute autorité, d'une prestigieuse influence, méritées par sa longue carrière et sa participation à plusieurs gouvernements. Il les a mises au service du tracé constantinois. Quoi de plus naturel ? Qui le lui reprochera ? Mais le fait regrettable et critiquable, c'est que le Gouvernement de 1924 ait subi cette autorité et cette influence dans une affaire aussi importante, dans une affaire d'intérêt national.

Au surplus, M. Thomson a été secondé, dans son intervention, par son collègue du département de Constantine, M. Morinaud, dont on connaît l'activité fébrile, l'opiniâtreté inlassable, la subtilité insinuante. Cependant que M. Thomson s'inquiétait de peser sur le Gouvernement, M. Morinaud se chargeait de « travailler » les milieux parlementaires et l'opinion publique.

Les parlementaires constantinois, profitant habilement de ce que personne n'était en éveil, tant on considérait comme définitivement acquise la solution du 11 juin 1923, ont réussi à marquer des points... des points de consolation. Ils ont obtenu, en effet, que le Gouvernement demandât un nouvel examen de la question du tracé à la Commission d'études du Conseil supérieur de la Défense nationale et celle-ci, le 27 octobre 1924, a acquiescé.

Certes, ce n'est là qu'une concession platonique, car le résultat final ne changera pas : le tracé par l'Ouest, le tracé oranais, l'emportera comme précédemment, toutes ses supériorités militaires et économiques demeurant intégralement, comme l'a prouvé M. Roux-Freissineng, député d'Oran, qui a participé au voyage des missions algériennes au Niger et qui, à l'offensive constantinoise, oppose, avec une remarquable vigueur, les arguments de la meilleure technique et la force irrésistible de la simple vérité.

Au surplus, le Conseil supérieur de la Défense nationale, au seuil duquel se crèvent comme bulles de savon les intrigues parlementaires et les influences politiques, et qui placera, une fois encore, l'intérêt national au-dessus des intérêts particuliers, ne se déjugera pas. La Commission d'études, pour prévenir des récriminations bruyantes, pour éviter des suspicions injustes, a pu accepter de mettre à profit la suspension d'exécution imposée par la crise financière, pour concéder un supplément d'études aux remuants élus constantinois ; elle retrouvera ses raisons, toutes ses puissantes raisons de 1923, le jour où l'on pourra, le jour où l'on devra construire le chemin de fer.

Il nous faut, maintenant, relever les objections formulées par les partisans du tracé algéro-constantinois contre l'adoption du tracé oranais. Il suffira pour cela de citer un extrait d'un des innombrables articles publiés par M. Morinaud dans une infinité de journaux algériens et métropolitains. Voici (publié en mars 1927) :

— Aussi bien, au printemps de 1923, le Conseil supérieur de la Défense nationale se prononça-t-il pour la prompte réalisation du Transsaharien, et recommanda-t-il l'adoption, sous la réserve de quelques variantes, du **projet Nièger, le seul, d'ailleurs existant alors.**

« *Mais on fit observer que la décision finale au sujet d'une œuvre nationale de cette importance ne saurait intervenir* **qu'après l'examen contradictoire du projet Niéger avec d'autres projets proposés et après consultation des corps élus intéressés, notamment ceux de l'Algérie.**

« *En outre, de nouvelles missions au Sahara fournirent une documentation complémentaire* **qui modifiait sensiblement l'aspect du problème.**

« *Voulant tenir compte de ces considérations, la Commission d'Etudes du Conseil Supérieur de la Défense Nationale, dans sa séance du 27 octobre 1924, a marqué* **son désir d'assurer la plus stricte impartialité aux études définitives qu'il y a lieu d'effectuer, en vue du choix final du tracé à adopter pour le Transsaharien.**

« *La Commission a arrêté le programme de ses études et fixé à 12 millions de francs le montant de la dépense y afférente. L'organisation des dites études a fait l'objet d'un examen approfondi.*

« *La délibération de la Commission est restée jusqu'ici lettre morte, la situation financière n'ayant pas permis au Gouvernement — bien que tous les*

Ministères qui se sont succédé aient reconnu le caractère urgent du Transsaharien — de demander l'inscription au budget, soit de la dépense totale de 12 millions, soit d'une garantie d'intérêt pour cette dépense.

« Afin de sortir de cette période d'inaction, si préjudiciable aux intérêts nationaux, il a été soumis au Gouvernement, il y a quelques mois, une demande en concession pour le Transsaharien, qui ne fait aucun appel au concours financier de l'Etat.

« Il ne m'appartient pas de trancher la question de savoir si cette demande est susceptible d'une suite favorable. Mais ce que je réclame en tout cas, c'est qu'il soit donné une suite immédiate à la délibération du 27 octobre 1924 de la Commission d'Etudes du Conseil Supérieur de la Défense Nationale, et qu'il soit donc procédé, sous telle forme que le Gouvernement jugera utile, aux études définitives, comparées et impartiales, des projets en présence.

« Ces études pourront être terminées dans le délai d'un an. Et je me plais à espérer qu'ensuite les travaux pourront être mis en route au début de la campagne 1928-1929. »

Nous avons souligné les passages les plus caractéristiques de l'article de M. Morinaud, pour leur inexactitude ou leur irrévérence à l'égard du Conseil supérieur de la Défense nationale :

— Le projet Niéger était le seul existant en 1923 ?

Pas du tout. A côté du projet Niéger, appelé projet Berthelot ou encore projet Legouez-Jullidière, il y avait cinq autres projets que nous avons énumérés au chapitre VI : le projet Sabatier, le projet Godefroy, le projet Calmel, le projet Fontaneilles et enfin le projet Souleyre, le seul préconisant un tracé constantinois. Or le Conseil supérieur de la Défense nationale a examiné et comparé tous ces projets et le rapport de M. Albert Mahieu comporte une étude minutieuse de chacun d'entre eux !

Faut-il ajouter que M. Godefroy, après avoir été longtemps partisan du tracé constantinois — c'est lui qui a construit la voie ferrée saharienne Biskra-Touggourt — s'est finalement rallié au tracé oranais et a confondu son projet avec celui de M. Fontaneilles, et cela avant que ne soit saisi le Conseil supérieur de la Défense nationale ?

— Un examen contradictoire du projet Niéger avec d'autres projets proposés et après consultation des corps élus intéressés, notamment ceux de l'Algérie ?

Nous venons d'indiquer ci-dessus que l'examen contradictoire avait eu lieu. Quant à la consultation des corps élus intéressés, notamment ceux de l'Algérie, elle ne saurait avoir d'effet pratique. En une pareille matière, le Parlement seul est souverain, lui seul a le droit de décider. Le Transsaharien n'est pas une question locale, une question algérienne, mais une question nationale et, hormis l'intérêt supérieur de la France, rien ne doit compter.

— Assurer la plus stricte impartialité aux études définitives qu'il y a lieu d'effectuer en vue du choix final du tracé à adopter pour le Transsaharien ?

Les premières études n'auraient donc point été impartiales ? Sur quel texte, sur quel fait se base M. Morinaud pour suspecter ainsi le Conseil supérieur de la Défense nationale ? Il préfère rester muet sur ce point... et pour cause.

— Une demande en concession pour le Trans-saharien qui ne fait aucun appel au concours financier de l'Etat ?

C'est possible, mais c'est trop beau pour y croire jusqu'à plus ample informé. Faut-il conclure de cette indication qu'il y a sympathie entre les promoteurs de la « querelle des tracés » et les promoteurs de la récente « querelle des demandeurs en concession » ?

— Qu'il soit procédé, sous telle forme que le Gouvernement jugera utile aux études définitives, comparées et impartiales des projets en présence ?

Regrettons que M. Morinaud ne nous fasse pas connaître la forme et la conclusion que devront prendre ces études pour être définitives, comparées et impartiales...

Mais, au fait, pourquoi M. Morinaud, au lieu de suspecter, sans apporter le moindre commencement de preuve, l'impartialité du Conseil supérieur de la Défense nationale, ne demande-t-il pas purement et simplement la publication intégrale du rapport de M. Albert Mahieu ?

Ce document capital ne doit vraisemblablement recéler aucun secret intéressant la défense nationale. Sa divulgation permettrait à chacun de vérifier si une décision de parti pris est intervenue, si le tracé oranais a véritablement obtenu la préférence sans motifs sérieux.

Nous affirmons, nous, que la reprise des études définitives, comparées et impartiales du projet de Transsaharien doit commencer par la publication du rapport Albert Mahieu.

Passons, maintenant, à l'affirmation que *de nouvelles missions au Sahara auraient fourni une documentation complémentaire qui aurait modifié sensiblement l'aspect du problème.*

Quelles sont ces missions ? Où sont leurs rapports ? On en parle toujours, on ne les montre jamais. Ils n'existent que dans quelques imaginations.

Il ne faudrait tout de même pas trop abuser de la crédulité publique. On avance une contre-vérité quand on soutient que l'étude des régions sahariennes a été poussée plus rapidement et plus loin dans l'Ouest que dans l'Est et qu'il y aurait lieu dès lors d'achever la documentation sur l'Est avant de se prononcer pour l'Ouest. C'est le contraire qui s'est produit.

L'occupation française a été poussée jusqu'aux lisières du Sahara, dans le Sud constantinois et dans le Sud algérois, peu après les débuts de la conquête de l'Algérie, de 1848 à 1854. Dès 1852, des troupes étaient à Ouargla et, en 1854, elles occupaient Touggourt. Dès 1844, nous nous avancions jusqu'à Laghouat, cependant que le duc d'Aumale paraissait à Biskra.

Or, à cette époque, en Oranie, on se battait encore dans la région de Bel-Abbès, à cent kilomètres d'Oran !

La pacification du Sud constantinois et du Sud algérois s'est accomplie de 1880 à 1883 et c'est en 1882 que le Mzab a été annexé à la France.

Au même moment, non seulement on n'avait pas pris position dans le Sud oranais, mais encore les hauts plateaux de l'Oranie étaient en pleine insurrection à l'appel du fameux Bou Amama qui évoluait de Saïda à la frontière marocaine. Le chemin de fer de pénétration fut prolongé jusqu'à Méchéria en 1881, précisément pour lutter contre la rébellion.

On le voit, l'Oranie a été la dernière province pacifiée. Cela ne l'a pas empêchée de réaliser, à force de volonté et de travail, le plus bel effort de colonisation et d'être, en 1927, la plus défrichée, la mieux mise en valeur, la mieux développée, dans le domaine agricole, des trois départements algériens, de même qu'elle compte la plus forte population européenne.

Et si nous nous avançons dans le Sud oranais proprement dit, que voyons-nous ?

Le chemin de fer de pénétration n'atteint Duveyrier qu'en 1900 et Beni-Ounif en 1902.

Au Sahara oranais, l'occupation de la vallée de la Saoura, de Colomb-Béchar à Beni-Abbès, n'a commencé qu'en 1900, après la prise d'In-Salah (1899), et ne s'est terminée qu'en 1901. La soumission réelle n'a été acquise qu'en 1904 ; encore enregistra-t on de sérieux incidents en 1908, si bien que la pacification définitive date à peine de 1912. (1)

____

(1) En ce qui concerne la pacification du Sahara oranais, nous conseillons de lire l'intéressante étude publiée par M. le capitaine Augiéras, sous le titre « La Pénétration dans le Sahara Occidental », dans le supplément du *Bulletin du Comité de l'Afrique Française* de juillet 1923.

Il découle nécessairement de ce court rappel de l'histoire algérienne et saharienne, qu'on a pu beaucoup plus tôt étudier les régions sahariennes par les départements d'Alger et de Constantine que par le département d'Oran. Aussi bien, d'où sont parties les premières grandes missions d'exploration, la mission Flatters, la mission Foureau-Lamy ? Du Sud constantinois, d'Ouargla.

On ne s'étonnera donc point si les premiers projets de Transsaharien avaient choisi ce que l'on peut appeler le Sahara central, par opposition au Sahara occidental occupé beaucoup plus tardivement. La conception d'un chemin de fer par le Sud oranais est la dernière venue. D'abord timidement envisagée, elle a pris une vigueur prédominante à mesure que les difficultés matérielles relevées dans l'Est obligeaient à appuyer de plus en plus vers l'Ouest, à mesure que la pénétration par la vallée de la Saoura révélait un Sahara offrant d'abord un très large couloir totalement dégagé de sables dans une zone abondamment irriguée et relativement peuplée, puis un terrain particulièrement propice, peu accidenté, au sol ferme, susceptible de recevoir une voie ferrée avec le minimum de travaux de terrassement, avec seulement quelques travaux d'art se réduisant à un pont sur l'oued Béchar et un viaduc sur l'oued Guir.

Les départements de Constantine et d'Alger avaient longtemps caressé l'espoir, on n'en sera pas surpris, d'être les bénéficiaires du Transsaharien. Ils se le disputaient déjà qu'on ne songeait même pas encore à un tracé par Oran. Le temps, l'habitude ont, leur semble-t-il, créé un véritable droit en leur faveur. Après avoir traité avec dédain les suggestions préconisant l'aboutissement du Transsaharien en Oranie, ils ont accueilli avec stupéfaction et colère la décision du Conseil supérieur de la Défense nationale, en 1923.

Alors s'est produit un revirement amusant. Constantine et Alger ne se sont plus querellés ; ils se sont accordés sur une solution moyenne, faisant aboutir le rameau central vers Bordj-bou-Arréridj dans le département de Constantine, de sorte que les têtes de ligne seraient à la fois à Alger et à Bône ou Philippeville. Plus tard, voyant même qu'il leur fallait renoncer à avoir la moindre part du Transsaharien, les Constantinois, qui sont les plus acharnés en l'affaire, ont même accepté de tout abandonner à Alger, de recommander un tracé par Laghouat, pourvu qu'Oran soit radicalement écarté.

Aussi peut-on considérer qu'il y a désormais compétition entre deux tracés seulement :

1° Le tracé algéro-constantinois, avec tête de ligne à Alger ;

2° Le tracé oranais, avec tête de ligne à Oran.

Observons encore qu'à la suite du voyage des missions algériennes au Niger et après la performance de la mission oranaise dans la traversée du Sahara, on a envisagé, à Alger, d'abandonner le passage par le Hoggar pour emprunter le tracé oranais, dans la partie purement saharienne, mais à la condition qu'à partir d'Adrar la ligne bifurquerait dans la direction de la capitale de l'Algérie.

Quelle a été l'attitude du département d'Oran, dans l'affaire du Transsaharien, jusqu'en 1923 ? Il n'a pas bougé ; il ne s'en est pour ainsi dire pas occupé. On chercherait en vain, dans les archives

de ses assemblées, dans les collections de ses journaux, les traces d'une polémique à son sujet. Oran
suivait si peu la question, qu'il n'a point fait attention aux démarches de M. Thomson auprès du
Gouvernement, en 1924, aux intrigues de M. Morinaud pour obtenir que soit annulé l'avis du Conseil
supérieur de la Défense nationale. Celui-ci avait
spontanément décidé que le chemin de fer abou-
tirait à Oran, dans l'intérêt national. C'était bien ;
cela suffisait. L'Oranie s'en remettait purement et
simplement à la bonne volonté des Pouvoirs publics pour mener le projet à bien.

D'ailleurs, disons-le une fois encore, on n'avait
jamais pensé une minute, dans le département
d'Oran, que le Transsaharien pût être une affaire
algérienne. On comprenait, on reconnaissait que
la Métropole avait seule pouvoir de décision. Tant
mieux s'il aboutissait à Oran, tant pis s'il allait
ailleurs. L'essentiel était que la France atteignit
pleinement les buts militaires et économiques
qu'elle poursuivait avec l'organisation de l'Afrique.

Cette attitude, cet état d'esprit durèrent jusqu'en
1926, jusqu'au départ des missions algériennes
pour le Niger. A ce moment, la coalition algéro-
constantinoise se montra avec une telle évidence,
il apparut si nettement que ce voyage allait être
transformé en une course au Transsaharien contre
le département d'Oran, qu'on prit l'éveil, qu'on
s'inquiéta, qu'on résolut de réagir.

Mais, contre toutes les espérances, la randonnée a abouti à la démonstration de l'éclatante
supériorité du tracé oranais.

Peu importe ! La campagne algéro-constantinoise contre le tracé oranais a continué avec plus

d'ardeur, avec plus de fureur, avec plus de mauvaise foi que jamais. On nie l'évidence, on conteste les faits, on déforme les événements. On prétend fausser l'opinion et, suprême argument contre le tracé oranais, on agite le fantôme de l'insécurité.

L'Oranie ne revendique pas, elle n'a jamais revendiqué le Transsaharien comme un droit. Elle demande seulement que l'intérêt supérieur de la France soit sauvegardé et que l'on ne fasse pas un chemin de fer électoral quand il s'agit des destins mêmes de l'Afrique française. Elle demande que la Métropole se place au-dessus des rivalités algériennes pour donner une solution définitive au problème offert depuis si longtemps à son attention. Elle demande que demain, comme en 1923, le Conseil supérieur de la Défense nationale puisse se prononcer en toute liberté.

Si Oran ne possède pas de titres génériques à devenir la tête de ligne du Transsaharien, ni Alger, ni Constantine n'en possèdent non plus et la « grâce divine » n'a pas à intervenir en la circonstance. Rechercher le tracé le plus court, celui qui réduira au minimum les dépenses de construction, puis les dépenses d'exploitation et par conséquent permettra le meilleur rendement financier ; rechercher le tracé le plus favorable à la Défense nationale en cas de guerre : voilà le seul devoir.

Or aujourd'hui, comme en 1923, le tracé oranais remplit mieux que le tracé algéro-constantinois, ces conditions. Aucun événement intérieur ou extérieur n'est venu diminuer cette supériorité. Bien au contraire, l'évolution de la politique européenne a placé dans l'Est la zone dangereuse pour la France ; bien au contraire, les traversées du Sahara en automobile ont prouvé qu'on pouvait encore raccourcir le tracé oranais prévu en 1923.

La décision du Conseil supérieur de la Défense nationale demeure donc entière ; elle conserve toute sa force, toute sa valeur, et l'Oranie, simplement en position de défense, ne proteste contre la campagne de dénigrement systématique entreprise contre elle qu'en s'appuyant sur cette décision formelle.

Que l'on publie intégralement le rapport de M. Albert Mahieu et la « querelle des tracés » sera jugulée, tant il en ressort avec clarté qu'il **FAUT FAIRE LE TRANSSAHARIEN ET LE FAIRE PAR L'OUEST.**

X

L'épreuve des tracés

Le voyage des missions algériennes au Niger, en automobile, a constitué une véritable mise à l'épreuve des tracés.

Les missions algéroise et constantinoise, en effet, ont emprunté le tracé qu'on préconise obstinément dans leurs départements. Parties l'une d'Alger, l'autre de Constantine, et **toutes deux le 14 novembre au matin,** la première par Djelfa, Laghouat, Gardhaïa, El Goléa, la seconde par Touggourt et Ouargla, elles gagnaient Inifel, où elles se rencontraient, et adoptaient désormais le même itinéraire, par In-Salah et le Hoggar, se suivant à vingt-quatre heures d'intervalle. La première est arrivée à Bourem, sur le Niger, le 1er **décembre à midi ;** la seconde le 2 décembre à 8 heures.

La mission oranaise a emprunté le tracé recommandé par le Conseil supérieur de la Défense nationale, avec la variante des frères Estienne à travers le Tanezrouft qui raccourcit encore la distance. **Partie d'Oran dans la soirée du 19 novembre, soit cinq jours et demi après que les missions** algéroise et constantinoise se fussent mises en **route, elle est arrivée à Bourem le 28 novembre à midi, c'est-à-dire plus de trois jours avant elles.**

Tel a été le résultat brutal de l'épreuve.

Et pourtant, la coalition algéro-constantinoise, sans nier la matérialité des faits, ce qui eut été d'une puérilité excessive, a prétendu discuter, chicaner, diminuer la signification réelle de la performance de la mission oranaise, en alléguant que celle-ci s'était livrée à une véritable course au Niger alors que les missions algéroise et constantinoise se bornaient à effectuer une lente et paisible randonnée touristique, musant tout le long du chemin, s'attardant à contempler les merveilleux sites du Sahara, à admirer l'apothéose de ses couchers de soleil, à distiller l'émotion de ses paysages lunaires. Ainsi, les uns se seraient avant tout préoccupés de vitesse, au risque de ne rien voir, les autres auraient voulu surtout voir, au risque d'arriver en retard au rendez-vous du Niger, et il y aurait abus à tenter un parallèle entre des voyages dont le caractère fut totalement différent.

A la vérité, c'est se livrer à une singulière altération de la réalité que de présenter les faits sous cet aspect et il est aisé d'établir, sans contestation possible, que c'est la mission oranaise qui, au bout du compte, a apporté le plus de méthode, le plus de régularité, le moins de hâte, le moins de précipitation, dans la traversée du Sahara. Pour s'en convaincre, il suffit de dresser et de mettre l'un en regard de l'autre, les tableaux de marche de la mission oranaise et des missions algéroise et constantinoise. (1)

---

(1) Ces deux missions ayant suivi le même itinéraire, seul le tableau de marche de la mission algéroise, la plus favorisée, puisqu'arrivée douze heures avant son alliée, a été utilisé pour la comparaison.

On constate aussitôt qu'Algérois et Constantinois ont établi un record d'endurance, affronté une épreuve de surmenage, avec la volonté farouche d'atteindre le but en marchant très souvent nuit et jour, alors que les Oranais, suivant leur horaire sans difficultés, sans fatigue, couchant chaque soir à la halte prévue, sauf pendant les deux nuits de la traversée du Tanezrouft où ils ont dormi, comme il était prévu, dans leur voiture en marche, ont effectué un voyage de bons pères tranquilles.

Comme on le verra, pour rendre plus saisissante la comparaison, nous avons non seulement noté les étapes effectuées au jour le jour, mais encore *le nombre d'heures de marche en automobile* pour chaque étape, c'est-à-dire défalqué les temps d'arrêt consacrés au sommeil ou à la visite de certaines oasis.

D'autre part, pour l'une et l'autre mission, afin de les mettre à égalité, nous n'avons commencé le calcul horaire que pour la traversée du Sahara en automobile, c'est-à-dire au départ de Gardhaïa pour les Algérois, au départ de Colomb-Béchar pour les Oranais.

Voici les tableaux de marche :

MISSION D'ALGER

DEPART D'ALGER le 14 novembre à 6 heures, en chemin de fer. Arrivée à Djelfa à 18 heures 50. — Départ immédiat pour Laghouat en auto et arrivée à 22 heures 30. (Coucher).

Départ de Laghouat en auto le 15 à 6 h. du matin. — Arrivée à Gardhaïa à 12 heures.

Traversée du Sahara :

15 NOVEMBRE. — Départ de Gardhaïa à 13 heures. —

Arrivée à El Abiod à 19 heures. (Coucher). — 6 heures de marche.

16 Novembre. — Départ d'El-Abiod à 6 heures. — Arrivée à El-Goléa à 21 heures. (Coucher). — 15 heures de marche.

17 Novembre. — Séjour à El-Goléa. (Coucher).

18 au 19 Novembre. — Départ d'El-Goléa le 18 à 6 heures. — Marche toute la journée et toute la nuit du 18. Arrivée à Inifel le 19 à 6 heures 30 du matin. — 24 heures 30 de marche.

19 au 20 Novembre. — Départ d'Inifel le 19 à midi. — Marche toute la journée et étape de nuit. Arrivée à Aïn-Guettara le 20 à 3 heures du matin. — 15 heures de marche.

20 Novembre. — Départ d'Aïn-Guettara à 10 heures du matin. Arrivée à In-Salah à 20 heures 30. (Coucher). — 10 heures 30 de marche.

21 Novembre. — Séjour à In-Salah. (Coucher).

22 Novembre. — Départ d'In-Salah à 4 heures 15 du matin. Arrivée à Tadjmout à 20 heures 30. (Coucher). — 16 heures 15 de marche.

23 au 24 Novembre. — Départ de Tadjmout le 23 à 5 heures 45 du matin. Marche toute la journée et toute la nuit. Arrivée à Iniken le 24 à 5 heures du matin. Départ d'Iniken à 7 heures du matin. Arrivée à Tamanrasset le 24 à 20 heures. (Coucher). — 36 heures 15 de marche.

25 Novembre. — Départ de Tamanrasset à 14 heures. Arrivée à Abassela à 21 heures. (Coucher). — 7 heures de marche.

26 au 28 Novembre. — Départ d'Abassela le 26 à 6 heures. Marche toute la journée avec arrêt d'une heure à Silet. Marche toute la nuit du 26, toute la journée et toute la nuit du 27. Arrêt à Tin Zaouten le 28 de 10 heures du matin à 13 heures. Marche jusqu'à 21 heures. Arrêt en pleine brousse. (Coucher). — 60 heures de marche.

29 au 30 NOVEMBRE. — Remise en marche le 29 à 5 heures 30. — Marche toute la journée et toute la nuit du 29. Arrivée à Kidal le 30 à 11 heures, après arrêt de trois heures. Départ de Kidal à 15 heures. Marche jusqu'à 20 heures. Arrêt en pleine brousse. (Coucher). — 34 heures 30 de marche.

1er DÉCEMBRE. — Remise en marche à 3 heures du matin. Arrivée à Tabankort à midi. Départ à 13 heures. Arrivée à Bourem (Niger) à 20 heures. — 14 heures de marche.

RÉCAPITULATION

Durée totale du voyage Alger-Niger, 17 jours et 14 h.
Traversée du Sahara de Gardhaïa à Bourem (3,400 kilomètres) : 16 jours et 7 heures.
Marche en automobile pour la traversée du Sahara : 239 heures.
Coucher : dix nuits à l'étape ; six nuits en marche.

MISSION D'ORAN

DEPART D'ORAN le 19 novembre, à 18 heures, en chemin de fer. Arrivée à Colomb-Béchar le 20, à 16 heures. (Coucher).

Traversée du Sahara :

21 NOVEMBRE. — Départ de Colomb-Béchar en auto, à 8 heures. Arrivée à Beni-Abbès à 19 heures. (Coucher). — 11 heures de marche.

22 NOVEMBRE. — Départ de Beni-Abbès à 8 heures. Arrivée à Timoudi à 18 heures 20. (Coucher). — 10 heures 20 de marche.

23 NOVEMBRE. — Départ de Timoudi à 6 heures 30. — Arrivée à Adrar à 18 heures 30. (Coucher). — 12 heures de marche.

24 NOVEMBRE. — Départ d'Adrar à 13 heures 30. — Arrivée à Reggan à 19 heures. (Coucher). — 5 heures 30 de marche.

25 au 27 Novembre. — Départ de Reggan le 25 à 12 heures 30. — Marche pendant les nuits du 25 et du 26 pour la traversée du Tanezrouft. Arrivée à Tabankort le 27 à 20 heures 30. (Coucher). — 56 heures de marche.

28 Novembre. — Départ de Tabankort à 6 heures 30. Arrivée à Bourem (Niger) à 12 heures. — 5 heures 30 de marche.

Récapitulation

Durée totale du voyage Oran-Niger : 8 jours et 18 heures.

Traversée du Sahara, de Colomb-Béchar à Bourem (2,060 kilomètres)... 7 jours et 4 heures.

Marche en automobile pour la traversée du Sahara : 100 heures, 20 minutes.

Coucher six nuits à l'étape ; deux nuits en marche.

Ainsi,

Pour Alger, **239 heures de marche en automobile !** *(et 12 heures de plus pour Constantine).*

Pour Oran, **100 heures !**

Nous disons bien de marche automobile, c'est-à-dire le temps pendant lequel les divers véhicules ont roulé vers Bourem, défalcation faite des arrêts aux divers gîtes d'étapes.

Devant une telle disproportion, au cours d'une discussion à la Réunion des Etudes Algériennes, à Paris, après que le général Aubier eut mis en évidence cette supériorité écrasante du tracé oranais, M. le maréchal Franchet d'Esperey, inspecteur des forces de l'Afrique du Nord, était bien fondé à s'écrier:

— Ça ne se discute pas !

Oui, est-il possible, après confrontation des deux tableaux de marche, de soulever la moindre contestation ? Et, cependant, la piste de l'itinéraire algéro-constantinois, jusqu'au Hoggar, avait été l'objet d'importants travaux de mise en état, alors que la piste de l'itinéraire oranais, entre Colomb-Béchar et Adrar, est dans un état lamentable sur de nombreux points et que, de Reggan à Taban-kort, elle consiste dans le sol même du Tanezrouft, jalonnée par la seule initiative des frères Estienne à l'aide de quelques bidons et bouteilles vides ?

Les membres des missions d'Alger et de Constantine ont vraiment droit à un témoignage d'admiration pour avoir pu supporter sans défaillance une épreuve aussi épuisante ! Et l'on comprend pleinement le sens de ces paroles qu'adressait, à ses compagnons de voyage, après le retour à Alger, le 3 janvier 1927, au cours d'un banquet, M. le capitaine Lehuraux, un des officiers les plus distingués du service des Affaires indigènes, qui avait représenté le Gouverneur général de l'Algérie au cours de la randonnée :

— J'étais donc en droit de me montrer un peu inquiet et de me demander si ces voitures étaient capables, avec le poids qu'elles devaient transporter, de gravir les pentes rapides des régions monta-gneuses et de franchir les larges vallées sablon-neuses que nous ne pouvions éviter sur notre parcours. »

. . . .

— Vos voitures ont gravi les plus fortes pentes avec la plus grande facilité et si, dans les passages sablonneux, nous avons dû parfois les aider en plaçant des « bouts de bois » entre les roues jume-lées et en étendant devant elles, comme l'on fait dans les mariages villageois, des tapis de verdure, du moins n'avons-nous jamais rencontré de diffi-

cultés insurmontables et avons-nous réussi à franchir toutes nos étapes dans les délais escomptés. Je suis persuadé qu'avec quelques perfectionnements, d'ailleurs peu importants, ces véhicules, si confortables qu'ils ont permis de faire sans fatigue des étapes de plus de vingt-quatre heures de marche au cours desquelles la plupart des voyageurs se laissaient aller à un doux sommeil, etc. » (1)

....

— En fait, pendant toute notre randonnée, qui fut souvent dure et fatigante, vous avez été des compagnons de voyage d'une docilité parfaite. C'est à peine si, de temps à autre, au cours d'une étape un peu longue, ou lorsque le temps consacré au sommeil devait être bref, quelques timides protestations s'élevaient, protestations d'ailleurs fort courtoises et qui cessaient toujours en présence de l'impérieuse nécessité de **MARCHER SANS REPIT**, afin d'atteindre Bourem à la date prévue. »

Et voilà la prétendue promenade sentimentale des missions algéroise et constantinoise ! La vérité, M. le capitaine Lehuraux l'a loyalement confessée au cours d'un banquet : **il leur a fallu marcher sans répit.**

Pendant ce temps, la mission oranaise, partie cinq jours et douze heures après les deux autres missions, atteignait le Niger plus de trois jours avant elles ! Soit un gain de neuf jours !

Peu après, d'ailleurs, le lieutenant Georges Estienne devait faire mieux encore. Sur une simple

____

(1) Ce banquet était offert par M. Berliet, le constructeur des voitures automobiles qui ont transporté la mission algéroise.

auto de 6 chevaux Renault, sur une voiture de type courant à quatre roues, n'ayant subi aucune transformation, aucun aménagement spécial, il se rendait *en moins de huit jours,* de Paris à Niamey, dans le Haut Niger, *par le tracé oranais.*

La traversée du Sahara proprement dite (Colomb Béchar-Niger) avait été effectuée par lui dans le temps record de soixante-huit heures !

Enregistrons encore la hardiesse du lieutenant Bruneteau et de ses deux compagnons qui, au mois de mai dernier, ont traversé le Sahara à motocyclette. *Et c'est encore par le tracé oranais, par Colomb-Béchar, Adrar, Reggan et la piste des frères Estienne, à travers le Tanezrouft, que les trois frêles machines ont pu atteindre le Niger !*

Ainsi, les démonstrations s'ajoutent aux démonstrations : c'est dans l'Ouest qu'est le bon, le vrai tracé du Transsaharien.

Mais nous possédons encore un important témoignage sur l'épreuve des tracés. Il émane de M. le professeur Gautier, de l'Université d'Alger, le savant géologue du Sahara, dont les travaux font autorité dans tous les milieux scientifiques.

M. le professeur Gautier a participé au voyage des missions algériennes au Niger. A l'aller, il a suivi le tracé algéro-constantinois par le Hoggar, au retour le tracé oranais, par le Tanezrouft. Voici son opinion, rapportée dans le *Bulletin du Comité de l'Afrique Française* de février dernier :

— Manifestement, il y aura, on peut dire pratiquement qu'il y a, deux pistes d'autos le long desquelles le trafic s'organise ou est organisé.

« L'une passe par le centre du Sahara, le Hoggar ;

elle a été suivie par les Chambres de commerce d'Alger et de Constantine et elle intéresse, en effet, ces deux départements. L'autre passe plus à l'Ouest, par le Tanezrouft, c'est la piste qu'a suivie la Chambre de commerce d'Oran. Les rivalités départementales, qui sont si vives en Algérie, tendraient à opposer ces deux pistes l'une à l'autre. En réalité, elles ne se font pas concurrence, elles répondent chacune à des besoins distincts, elles ne s'adressent pas à la même clientèle éventuelle.

. . . .

« *La piste du Hoggar traverse les Territoires du Sud suivant leur ligne de plus grande extension ; elle dessert les postes les plus éloignés ; elle donnera donc à l'Administration des facilités intéressantes.* Mais, en dehors de ce point de vue administratif, les promoteurs de l'organisation ont eu certainement en vue le tourisme...

« *Les* montagnes traversées, *le Mouydir, le Hoggar, offrent, en effet, les paysages les plus étranges et les plus grandioses de tout le Sahara français, les populations les plus intéressantes et le climat le plus favorable.*

« *La* piste du Hoggar, c'est en somme la piste saharienne plutôt que transsaharienne ; *elle aboutit au Niger,* mais ce n'est pas le Niger et le Soudan qui sont sa raison d'être essentielle.

« L'autre piste, celle du Tanezrouft, est assez exactement l'inverse.

« *Sur la piste du Hoggar, les missions des Chambres de commerce d'Alger et de Constantine ont fait la traversée d'aller en quinze jours,* non sans efforts fatigants, *qu'elles se sont imposés parce qu'il* **fallait arriver au Niger à date fixe.** *Au retour, les voitures étaient moins chargées, les chauffeurs connaissaient le chemin, le voyage était donc plus facile : il a cependant demandé dix-sept jours.*

« *Il est fort honorable de traverser le Sahara en dix-sept jours de diligence. Mais la mission d'Oran, par la route du Tanezrouft, a mis cinq jours à l'aller ; le retour s'est effectué, de Bourem à Colomb-Béchar, en quatre jours et demi, exactement quatre jours treize heures,* **sans efforts pénibles, sans fatigue, en tout confort.**

« **Le contraste entre les deux pistes tient déjà dans ces chiffres éloquents ;** *mais il faut l'expliquer.* (1)

. . . .

« *La piste du Hoggar est la piste proprement saharienne, le long de laquelle les voyageurs verront les aspects principaux du Sahara et de l'humanité saharienne, s'arrêtant, repartant, séjournant, revenant sur leurs pas, aboutissant ou n'aboutissant pas, à leur gré au terminus soudanais ; et cela, qu'ils soient transportés en diligence ou qu'ils voyagent individuellement sur leur propre voiture.*

« *La piste Estienne est essentiellement la piste transsaharienne, celle qui s'impose à la clientèle désireuse, non pas tant de voir le Sahara que de* **le traverser d'une seule traite pour arriver de l'autre côté.** *Et sur cette route, on ne peut pas songer à se lancer avec une voiture particulière équivalent de ce que serait en mer* **un bateau de plaisance ;** *il faut absolument prendre ce qu'on pourrait appeler*

---

(1) Ici, M. le Professeur Gautier expose la formation géologique du Tanezrouft, plaine indéfinie, uniforme, sans accident de terrain, et la conception imaginée par les frères Estienne de la traversée en ligne droite.

le paquebot, *utiliser la seule entreprise de transports existante. Il ne s'agit pas de l'éternelle rivalité entre les départements algériens, il s'agit d'une différence radicale de conception et de clientèle.*

« Ceci dit, il serait injuste pourtant de ne pas souligner combien cet exploit inattendu des frères Estienne est admirable et quelle portée il a. Ils auront été, j'imagine, les grandes figures du Sahara d'après guerre. »

Tous ses lecteurs auront compris, sous la fine ironie dont il saupoudre sa narration, le sentiment du Professeur Gautier. D'un côté, la promenade de plaisance, pour les gens disposant de loisirs, pour les touristes, pouvant voyager à petites journées pour ne pas trop se fatiguer ; de l'autre côté, la route, rapide, sûre, pour les gens affairés, pour les commerçants, pour les colons.

Et l'opposition du bateau de plaisance au paquebot, ne marque-t-elle pas la différence capitale entre l'automobile et le chemin de fer ?

Allons, moins de doute que jamais, le tracé algéro-constantinois correspond seulement à un circuit automobile de tourisme. Le tracé oranais est le tracé du chemin de fer, **le tracé du Transsaharien,** *la route du Niger et du Soudan, la route de l'Afrique occidentale et de l'Afrique équatoriale qu'il s'agit de coloniser, de mettre en valeur, de faire participer éventuellement à la défense nationale.*

Le Professeur Gautier l'a parfaitement vu et dit : les deux conceptions sont essentiellement différentes.

Ainsi l'épreuve des tracés a été absolument concluante, **IL FAUT FAIRE LE TRANSSAHARIEN ET LE FAIRE PAR L'OUEST,**

XI

Les supériorités du tracé par l'Ouest

Ce que l'épreuve des tracés a établi sans contestation possible, la décision du Conseil supérieur de la Défense nationale le contenait déjà. Cette assemblée, en effet, pour fixer son choix, en 1923, s'est basée sur des considérations techniques, sur des considérations économiques et sur des considérations militaires ; elle n'a envisagé à aucun moment la création d'un instrument de tourisme ruineux.

Au point de vue technique, le tracé oranais a la supériorité d'être le plus court. Il part d'Oran et emprunte, jusqu'à Raz-el-Ma, à 179 kilomètres d'Oran, une ligne à voie large déjà existante et exploitée par la Compagnie P.-L.-M. C'est à Raz-el-Ma que commencerait la construction de la nouvelle ligne. L'itinéraire est alors : Colomb-Béchar par le plateau de Berguent, puis la vallée de la Saoura, par Beni-Abbès et Adrar, enfin Ouallen, Tessalit et Tosaye, sur le Niger, soit 3,349 kilomètres de ligne à construire et 3,528 kilomètres de ligne à exploiter (3,349+179). (1)

Mais il faut noter que, grâce à l'emploi de loco-moteurs à combustion interne utilisant des huiles végétales, on pourra très bien éviter le passage par Ouallen et Tessalit et, d'Adrar, s'élancer tout droit sur Tosaye, raccourcissant encore le parcours d'une façon sensible.

Dans l'examen du tracé, deux parties doivent être distinguées : la partie Sud, comportant la traversée du Sahara proprement dit, et la partie Nord acheminant la voie ferrée, par le territoire algérien, vers un port de la Méditerranée.

Il ne peut plus y avoir de discussion, désormais, en ce qui concerne la partie Sud. On ne saurait commettre la folie de lancer un chemin de fer dans le Hoggar, sinon quelle valse de millions ! Aussi bien, les Algérois et même les Constantinois, le reconnaissant, font porter tout leur effort sur la partie Nord du tracé.

Le tracé par l'Ouest étant adopté pour la traversée du Sahara, faut-il, peut-on, à partir d'un point donné, Adrar par exemple, lancer la voie dans la direction d'Alger, ou bien est-il préférable

---

(1) Ces chiffres concernent la ligne totale d'Oran à Ouagadougou. Quel que soit le tracé adopté, la partie Tosaye (passage du Niger)-Ouagadougou demeure immuable, 670 kilomètres. Le parcours sur lequel porte la discussion du tracé n'est donc que de 3,528 kilomètres moins 670, soit 2,858 kilomètres dont il faut encore déduire les 179 kilomètres déjà en exploitation d'Oran à Raz-el-Ma. Restent donc : 2,858—179=2,679 kilomètres.

Ces distances sont celles envisagées par le Conseil supérieur de la Défense nationale en 1923. Or, les plus récentes études ont montré possibles des rectifications entraînant d'importants raccourcissements, de sorte que, par le tracé oranais, on aurait, pour atteindre le Niger, moins de 2,300 kilomètres de ligne à construire.

de remonter la vallée de la Saoura jusqu'à Colomb-Béchar, puis, par les hauts plateaux, entre Méchéria et Berguent, d'atteindre Raz-el-Ma pour gagner enfin Oran ?

M. Albert Mahieu, dans son rapport au Conseil supérieur de la Défense nationale, a examiné, contrairement à ce que prétend M. Morinaud, tous les tracés possibles. Il a constaté que, pour pénétrer de la zone saharienne en Algérie, il existait seulement trois passages, trois passages obligés :

1° Le couloir du Gassi Touil, qui coupe le grand Erg oriental dans toute sa longueur, conduit à Touggourt et Biskra et s'ouvre sur le département de Constantine.

Or il est trop étroit, déclare M. Albert Mahieu, trop sinueux pour établir une voie ferrée à grand rayon sans avoir à couper les bras d'erg (l'erg c'est la dune, la montagne de sable) qui le coupent partiellement par places. On aurait à subir des déplacements de sable qui entraveraient la marche des trains.

Le Gassi Touil conduit en outre, déclare encore M. Albert Mahieu, vers la région la plus compliquée du massif central du désert, le Hoggar.

Voilà pour le tracé constantinois.

2° La trouée du Mzab, entre le grand Erg oriental et le grand Erg occidental, conduit à El-Goléa, Gardhaïa, Laghouat et Alger.

Or, dit M. Albert Mahieu, la trouée du Mzab, ou de l'oued Mya, conduirait à traverser la chebka du Mzab, sorte de plateau rocheux coupé de gorges profondes formant un réseau compliqué (chebka veut dire filet). Il y faudrait des ouvrages d'art con-

sidérables et nombreux pour traverser des gorges profondes de 50 mètres et larges de 200 à 300 mètres. L'obstacle est infranchissable.

Voilà pour le tracé algérois.

3° La vallée de la Saoura, entre le grand Erg occidental et l'Erg Iguidi, conduit à Colomb-Béchar et Oran.

Ayant enregistré l'impossibilité d'utiliser le Gassi Touil et la trouée du Mzab, M. Albert Mahieu déclare :

— Le passage par la Saoura est donc une obligation.

« Cette décision s'imposerait même si l'on ne tenait compte que des considérations topographiques. A cela vient cependant s'ajouter une raison plus·importante encore et dont la valeur apparaîtra mieux encore quand on connaîtra les difficultés de l'alimentation en eau. De toute manière, le chemin de fer doit traverser des régions très pauvres en eau ; mais il est des degrés dans la pénurie. Or la vallée de la Saoura, le Touat et le Tidikelt forment, dans cette contrée aride, une région exceptionnellement favorisée qui se prolonge vers le Sud jusqu'au parallèle de 20° au moins, tandis que dans la partie orientale du désert, l'aridité commence au parallèle 32° environ. »

Décrivant alors la vallée de la Saoura, M. Albert Mahieu fait les constatations suivantes :

— Du côté de l'Est (Erg occidental) les sables arrivent presque jusque dans la vallée, tandis que du côté de l'Ouest, il existe un très large plateau demi-

rocheux parfaitement exempt de sables. C'est sur ce plateau, à l'Ouest de la Saoura, qu'il convient d'asseoir la ligne depuis la région de l'Oued Guir jusqu'au passage du Foum el Kheneg où la traversée de la Saoura s'impose et ne présente d'ailleurs pas d'inconvénients. »

Voilà pour le tracé oranais.

Ainsi, de toutes façons, on est obligé d'amener la voie ferrée à Colomb-Béchar. Mais là, y aurait-il possibilité encore, au lieu de se diriger sur Oran, de conduire le Transsaharien à Alger ?

Tout d'abord, examinons une carte de l'Algérie. Mesurons à vue d'œil les distances de Colomb-Béchar à Oran et de Colomb à Alger. Il y a presque une différence du simple au double entre les deux trajets. Donc allongement de la ligne et augmentation des dépenses de construction, augmentation des dépenses d'exploitation, si on s'oriente vers Alger.

Ce n'est pas tout. L'établissement de la voie serait-il facile et peu coûteux ?

C'est encore M. Albert Mahieu, lequel a tout pesé, tout étudié, tout comparé, qui va nous répondre :

— Le projet Legouez-Jullidière prévoit deux raccordements distincts avec le réseau algérien : le premier, partant de la ligne Alger-Oran, un peu au delà d'Orléansville et gagnant les hauts plateaux par la vallée de l'oued Sly, passant par Vialar, le Kreider, Méchéria et Forthassa ; le second partant de Raz-el-Ma et rejoignant le premier tracé près de Forthassa.

« Le premier raccordement a, jusqu'au point de

jonction, une longueur de 550 kilomètres, dans le pays difficile, accidenté de l'Atlas du Nord. Il faudrait faire un usage fréquent de courbes de 300 mètres de rayon (limite extrême) et de déclivités de 10^m/m et même de 15^m/m. On serait même amené sans doute à exécuter un souterrain assez important dans la partie haute, pour passer le col. La construction dans cette région montagneuse serait relativement coûteuse et nécessairement plus lente.

« Il y a donc avantage incontestable, pour la rapidité et la facilité de la construction, et pour réduire sensiblement la dépense, à se contenter de l'embranchement partant de Raz-el-Ma, comme l'a proposé M. Fontaneilles. »

Comparons maintenant la longueur des deux tracés : Colomb-Béchar - Alger, Colomb-Béchar-Oran :

Colomb-Béchar-Alger :

Colomb-Béchar-Forthassa 230 kilomètres.
Forthassa-Orléansville (Malakoff) 550 kilomètres.
Orléansville (Malakoff)-Alger 224 kilomètres (construits)

Total 1,004 kilomètres.

Colomb-Béchar-Oran :

Colomb-Béchar-Forthassa 230 kilomètres.
Forthassa-Raz-el-Ma 170 kilomètres.
Raz-el-Ma-Oran 179 kilomètres (construits).

Total 579 kilomètres.

Différence entre les deux trajets : 425 kilomètres, dont 380 à construire.

Ces chiffres se passent de commentaires.

Voie beaucoup plus longue, dépense de construction et d'exploitation plus élevée, tarifs plus élevés pour les voyageurs et les marchandises, voilà le tracé algérois dans sa partie algérienne.

Peut-on nier, dans ces conditions, que le tracé par l'Ouest, le tracé oranais, possède toutes les supériorités techniques ?

La mission officielle accomplie, en décembre 1923, par M. Gilles-Cardin, ingénieur en chef des Ponts et Chaussées, sur la demande du Ministre des Travaux publics, pour vérifier sur place le tracé entre Raz-el-Ma et Beni-Abbès, a entièrement confirmé les conclusions de M. Albert Mahieu.

M. Gilles-Cardin était accompagné par deux fonctionnaires de la Compagnie P.-L.-M. : M. Regnoul, ingénieur en chef adjoint à la direction générale de la Compagnie P.-L.-M., à Paris, et M. Cholet, chef du service de la voie et des travaux du réseau P.-L.-M. algérien. Il a étudié, en auto, la région entre Ras-el-Ma et Colomb-Béchar, puis entre Colomb-Béchar et Beni-Abbès. Ses conclusions, qu'on trouvera à la fin de ce chapitre dans leur plein développement, confirment totalement celles de M. Albert Mahieu :

— L'impression que nous rapportons de notre mission, c'est que le Transsaharien, dans la partie que nous avons reconnue (Raz-el-Ma-Beni-Abbès) est parfaitement possible et exécutable sans grandes difficultés et au prix d'une dépense relativement peu élevée. »

Dans un autre ordre d'idées, mais qui a sa valeur, il convient de mentionner que l'existence des mines de houille de Kenadsa, à quelques kilomètres de Colomb-Béchar, sera particulièrement précieuse pour le Transsaharien. Si, dans la partie saharienne, la traction devra être assurée par des locomoteurs à combustion interne, on aura certainement recours au charbon pour la partie algérienne. Le ravitaillement en combustible se trouvera donc assuré à Colomb-Béchar.

Au surplus, il apparaît nettement, aujourd'hui, qu'on a sous-estimé l'importance des mines de Kenadsa au début de leur mise en exploitation. Non seulement le charbon en est de qualité supérieure, mais encore, à mesure que s'étend la prospection, le gisement se montre plus considérable.

Il est même permis d'admettre dès maintenant l'existence de la houille sur d'autres points. En effet, des recherches récentes ont révélé la présence de la houille en abondance au Sud-Est du Tafilalet, à Taouz, au pied du Djebel Tadaout. Vraisemblablement, ce gisement n'est que le prolongement de celui de Kenadsa.

On se trouverait donc en présence d'un vaste bassin houiller saharien.

Cette découverte offre un intérêt capital, ce bassin houiller se trouvant à proximité des riches régions minières de Midelt et de Bou-Arfa, en territoire marocain, mais pas trop loin de l'Algérie. A Midelt, on exploite déjà le plomb, le cuivre, la calamine, et l'énorme gisement de fer de Bou-Zel. A Bou-Arfa, s'offrent le plomb, la calamine et surtout le manganèse dont le minerai est très beau, puisqu'il a donné du 60 % à l'analyse.

L'importance des mines de Bou-Arfa avait particulièrement frappé M. Gilles-Cardin, lors de sa mission. Aussi y voyait il, pour le Transsaharien, un appréciable élément de trafic. Mais les retards apportés à prendre une résolution définitive en ce qui concerne le Transsaharien, ont amené le Protectorat marocain à décider la construction d'un chemin de fer à voie étroite de Bou-Arfa à Oudjda, par Berguent, pour l'évacuation du minerai.

Comme, d'Oudjda, le minerai devra être ensuite dirigé sur un port algérien, on ne saurait trop regretter la solution intervenue, mais dont on ne peut évidemment faire supporter la responsabilité par le Protectorat. L'évacuation eut été assurée plus économiquement, au moyen du Transsaharien, sur Oran, la distance étant plus courte qu'en transitant par Oudjda.

Il ne saurait, d'ailleurs, s'élever de particularisme entre l'Algérie et le Maroc à propos du Transsaharien, qui est une œuvre nationale à laquelle tous les Français, qu'ils habitent la Métropole, l'Afrique du Nord ou l'Afrique occidentale, doivent collaborer sans arrière pensée.

Mais nous avons déjà abandonné l'aspect technique du problème du Transsaharien et entamé l'aspect économique.

S'il glane un trafic appréciable dans son parcours algérien, le rendement financier du Transsaharien s'en trouvera grandement amélioré. A cet égard, le tracé oranais offre les plus sérieux avantages : la zone minière dont nous venons de parler, les hauts plateaux de Berguent et d'El-Aricha, région d'élevage prospère ensuite. Nous ne saurions oublier cependant que la mission essentielle du Transsaharien n'est pas en Algérie, mais en Afrique occidentale et équatoriale qu'il s'agit de rapprocher de la Métropole. C'est pourquoi, la supériorité économique du Transsaharien découle avant tout de sa supériorité technique.

Le plus gros obstacle à la réalisation immédiate est, en effet, d'ordre financier. On est impressionné par l'importance des dépenses de construction ; on redoute un énorme déficit d'exploitation. En un mot, on se demande si l'affaire est viable, si les services que rendra le Transsaharien ne sont pas hors de proportion avec les charges qu'il imposera.

Le meilleur tracé, celui qui s'imposera, sera donc celui qui :

1° Exigera le plus faible capital de premier établissement ;

2° Etant le moins long et offrant le profil le moins accidenté, exigera les moindres frais d'exploitation et permettra, par suite, d'appliquer à la clientèle les tarifs les plus réduits.

Grâce à ses supériorités techniques, il est évident que le tracé oranais est le moins cher à construire.

Etant le moins long et offrant le meilleur profil, il est de même évident que le tracé oranais garantit une exploitation moins onéreuse et transportera les produits venant de la Métropole ou y allant, aux conditions les plus avantageuses.

Pour le seul raccord au réseau algérien, M. Gilles-Cardin observe qu'en allant de Colomb-Béchar à Raz-el-Ma, au lieu de Colomb-Béchar à Orléansville-Malakoff, on obtient un raccourcissement de 380 kilomètres et une diminution de dépense d'au moins 200 millions. Mais cette économie de distance et d'argent ne sera pas seulement acquise une fois pour toutes. Elle se perpétuera avec le fonctionnement du chemin de fer ; elle épargnera dans le temps l'exploitation de 380 kilomètres de voie à la Compagnie concessionnaire ; elle évitera aux voyageurs et aux marchandises les frais de transport sur 380 kilomètres. (1)

Comme des raccourcissements très importants, par rapport au tracé algéro-constantinois, sont d'autre part assurés au delà de Colomb-Béchar, jusqu'au Niger, il en résulte d'une façon indiscutable que le tracé par l'Ouest, le tracé oranais, a également toutes les supériorités économiques.

Reste l'aspect militaire. Le Transsaharien devant être, en même temps qu'un puissant instrument économique, un chemin de fer stratégique appelé à jouer un grand rôle dans la défense nationale, les précautions les plus minutieuses s'imposent dans le choix de la tête de ligne en Méditerranée, pour qu'en cas de guerre les convois maritimes transportant les troupes ou les produits du Continent noir puissent gagner les ports de la Métropole avec le maximum de sécurité.

Les états-majors de l'Armée et de la Marine sont représentés au Conseil supérieur de la Défense nationale par des chefs éminents. Ceux-ci ont été appelés à faire connaître leur avis dont s'est à coup sûr profondément inspirée l'assemblée. Or, il est résulté de cette consultation la déclaration capitale que nous avons déjà relevée dans le rapport de M. Albert Mahieu et que nous répétons ici :

— L'obligation de réduire au minimum la partie vulnérable du parcours maritime, impose, peut-on

____

(1) Auxquels il y a lieu d'ajouter 224 kilomètres pour atteindre Alger.

dire, dans le problème posé, le choix de la région d'Oran comme centre principal de transit en temps de guerre, entre l'Afrique du Nord et la Métropole.

. . . .

« En ce qui concerne la sécurité des convois maritimes, le point d'aboutissement optimum du Transsaharien, en Méditerranée, est Oran. C'est le port qui permettrait aux convois de gagner le plus rapidement les eaux territoriales de l'Espagne et ensuite les ports français. »

Le Conseil supérieur de la Défense nationale a envisagé, on le voit, non pas la longueur du parcours maritime entre l'Algérie et la Métropole, mais sa vulnérabilité. Par conséquent, quand, à Alger et à Constantine, on a inculpé M. Albert Mahieu d'erreur, parce que la distance Alger-Marseille ou Philippeville-Marseille, est inférieure à la distance Oran-Marseille, on a commis une confusion.

La moindre vulnérabilité de la voie maritime Oran-Métropole a été établie par l'expérience de la guerre. La côte espagnole n'est, en effet, qu'à deux cents kilomètres d'Oran, et, dès qu'ils ont atteint les eaux territoriales espagnoles, les navires y trouvent une sécurité relative.

Par ailleurs, il n'y a pas lieu d'exagérer les conséquences à tirer du fait que la traversée est plus courte entre Alger et Marseille et Philippeville et Marseille, qu'entre Oran et Marseille.

Pour les marchandises, l'argument est inopérant, puisque les frets sont absolument identiques.

Pour les voyageurs, les tarifs sont également identiques. La traversée dure huit heures de plus : la seule différence est là.

Que représentent ces huit heures pour un voyageur se rendant en Afrique occidentale ou en venant et qui, d'ailleurs, les aura largement récupérées dans le trajet en chemin de fer, en même temps qu'il aura moins déboursé, puisque le prix d'un billet sera moins élevé de Ouagadougou à Oran que de Oouagadougou à Alger ? L'avantage demeure intégralement au passage par Oran.

Encore ce gain de traversée devient-il parfaitement illusoire, si l'on emprunte la voie Oran-Port-Vendres, puisque des voyageurs partant le même jour d'Alger ou d'Oran arriveraient le même jour, à la même heure et par le même train à Paris, les quatre ou cinq heures gagnées sur la traversée par Alger étant perdues dans le stationnement en gare de Port-Vendres.

La supériorité dont se flattent Alger et Constantine est donc pratiquement inexistante. Il n'en coûte pas un centime de plus de s'embarquer ou d'expédier un sac de pommes de terre par Oran que de le faire par Alger.

Et puis, en quoi cette contestation intéresse-t-elle le Transsaharien ? Chemin de fer et non compagnie maritime, il n'a qu'à se préoccuper du transport des voyageurs et des marchandises. Il les prendra ou les déposera au port tête de ligne, où ils seront venus ou d'où ils partiront à leur gré. Le passage de la Méditerranée ne le concerne pas du tout. Sa seule mission sera d'assurer la jonction entre la côte algérienne et le Continent noir. Ses dépenses, ses recettes s'effectueront sur la voie ferrée et pas ailleurs. Il lui suffit par conséquent que le tracé par Oran soit le plus économique, et pour lui et pour sa clientèle, pour qu'il l'adopte.

Il faudrait, autrement, non seulement se préoccuper de la traversée de la Méditerranée, mais encore mettre, par exemple, en opposition la Compagnie P.-L.-M. et les Compagnies du Midi et d'Orléans qui transportent l'une et les autres les voyageurs à destination ou en provenance de l'Algérie, et les faire intervenir dans la question du tracé.

Aussi bien Alger a tort de craindre pour la satisfaction de ses intérêts particuliers. Nombre de voyageurs du Transsaharien iront s'embarquer dans son port, attirés par les réelles séductions de notre belle Capitale. Cela constituera pour eux un si petit supplément de dépense, après ou avant leur grand voyage à travers le Sahara ! Mais ils en feront eux-mêmes les frais, au lieu de les mettre à la charge du Transsaharien...

Il n'y a pas là la moindre ironie ; nous exprimons une certitude, fondée sur le grand nombre d'Oranais qui vont prendre le paquebot à Alger.

Le Conseil supérieur de la Défense nationale a ainsi été parfaitement inspiré en ne se préoccupant que de la vulnérabilité du parcours maritime en temps de guerre et la conclusion obligée est que le tracé oranais offre enfin toutes les supériorités militaires.

Plus nous avançons dans notre étude, plus nous constatons qu'**IL FAUT FAIRE LE TRANSSAHARIEN ET LE FAIRE PAR L'OUEST.**

*
* *

Extrait du rapport de M. Gilles-Cardin

(Rapport établi à la suite d'une étude effectuée sur place, du tracé entre Raz-el-Ma et Beni-Abbès, en décembre 1923).

La visite de la ligne de Biskra à Touggourt, les renseignements que nous ont donnés sur place les fonctionnaires et agents du Réseau de l'Etat, chargés de l'exploitation et de l'entretien de la ligne, nous ont convaincus de la difficulté très grande d'entretenir une voie ferrée dans un milieu de dunes de sable plus ou moins fixées.

Encore dans une région relativement habitée comme l'Oued Rirh, avec de nombreuses oasis qui sont toutes des centres importants pour la culture des dattes, peut-on avec des équipes presque à pied d'œuvre entretenir la voie ferrée à écartement de un mètre et la débarrasser des sables qui viennent parfois recouvrir les rails, surtout dans les tranchées, après un coup de vent, comme il s'en produit souvent dans la région de Biskra, au pied du massif montagneux de l'Aurès. Nous avons pu l'observer par nous mêmes à Biskra, après la tempête du 20 décembre 1923, dans laquelle a péri le « Dixmude ».

Cet entretien de la voie dans des sables deviendrait de plus en plus difficile, au fur et à mesure que l'on s'éloignerait des régions habitées, notamment entre Touggourt, Ouargla et In-Salah. D'autre part, dans cette région, la mauvaise qualité des eaux, très chargées de sulfates de soude et de magnésie, complique beaucoup la traction et l'exploitation. Les difficultés que l'on rencontre déjà sur la ligne à voie de un mètre de Biskra à Touggourt seraient encore plus grandes au-delà, dans les régions d'Ouargla et d'In-Salah, et compliqueraient encore davantage l'entretien et l'exploitation d'une ligne à voie normale.

Enfin, il faudrait mettre l'origine de la voie normale à Biskra qui est à une latitude (34°50) plus élevée que

Ras-el-Ma (34°20). Le point extrême d'attaque et de ravitaillement des chantiers seraient à l'extrémité de la voie existante de un mètre, c'est-à-dire à Touggourt qui est également à une latitude plus élevée (33°10') que Colomb-Béchar (31°40') qui est déjà plus bas comme latitude qu'Ouargla.

Le tracé par la Saoura partant de Ras-el-Ma (0°50', longitude Ouest) et atteignant Tosaye (1°, longitude Ouest) presque sur le même méridien, peut se développer à l'Ouest et à l'Est de ce méridien suivant le trajet le plus court, alors que Biskra est situé beaucoup plus à l'Est (3°40', Est).

Enfin par le tracé de la Saoura, le Sahara proprement dit ne commence guère qu'à Taghit, au 31° parallèle, où l'on touche à la lisière du Grand Erg Occidental, tandis qu'à Biskra (34°50' de latitude) on traverse déjà les dunes mobiles et la région a un aspect nettement saharien qui commence même à El Kantara (la bouche du désert) par 35°10' de latitude.

Au contraire, à l'Ouest de l'Algérie, la flore et le climat sahariens ne commencent qu'au Sud des défilés des Monts des Ksour, soit par 32°30' de latitude.

D'une manière générale la limite de la zone saharienne est beaucoup plus reculée vers le Sud dans la région de Colomb-Béchar que dans celle de Biskra, et il ne faut pas oublier que Figuig est presque sur le même parallèle (32°) qu'Ouargla. Cela tient à ce que la limite de la zone saharienne suit parallèlement la ligne du littoral maritime à une distance de 200 à 250 kilomètres.

Quant à la ligne de Blidah à Djelfa, elle ne peut servir d'accès à une voie transsaharienne à moins d'une transformation complète. La ligne à voie d'un mètre s'engage, presqu'au départ de Blidah, dans les gorges de la Chiffa en traversant sur près de cinq kilomètres de longueur des tunnels en suite presque ininterrompue, avec des rampes réelles de 24 m/m par mètre et des courbes dont le rayon descend jusqu'à 150 mètres. Les rampes atteignent ensuite 25 m/m jusqu'au delà de Ben Chicao au P. K. 72 où se trouve le point culminant de la ligne (altitude 1,165 m. 14).

La région commence à être très peu habitée à partir de Djelfa, terminus de la voie ferrée de un mètre, sur le même parallèle que Ras-el-Ma (34°40'). Le pays prend un aspect tout à fait désertique à 40 kilomètres au Sud de Laghouat (latitude 33°40'), dès que cesse la mer d'alfa et que l'on entre dans la région des Dayats.

On ne peut donc songer à transformer en voie normale la voie de un mètre de la ligne Blidah-Djelfa, en raison des difficultés techniques et de la nécessité de ne pas interrompre le trafic sur une ligne aussi fréquentée. Il faudrait donc établir à grands frais, une ligne nouvelle à voie normale, plus ou moins proche à partir de la région de Blidah, dans une région montagneuse et difficile. Cela représenterait une longueur complémentaire de 280 km. de ligne à construire, comparativement à la ligne partant de Ras-el-Ma.

On voit quelles objections au point de vue technique et financier soulèvent les solutions d'amorce ou de départ du Transsaharien par Biskra-Touggourt et surtout par Blidah-Djelfa. Le défenseur le plus qualifié du projet par Biskra, le lieutenant colonel Godefroy, qui a construit la ligne de Biskra à Touggourt, a, depuis le mois de juillet 1922, renoncé de lui-même entièrement à son projet pour se rallier, sans réserve, au tracé par la Saoura, adopté en 1923 par le Conseil Supérieur de la Défense Nationale.

Il est intéressant de rappeler ici ce qu'écrivait en 1881. M. A. Grévy, gouverneur général de l'Algérie, à propos des premiers projets de Chemin de fer Transsaharien, et à la suite de l'enquête ordonnée par M. de Freycinet (1).

---

(1) Voir « Documents pour servir à l'étude du Nord Ouest Africain » publié par le Gouvernement général de l'Algérie en 1897, tome III, page 25 et suivantes.

— De tous les tracés, disait M. A Grevy, celui qui se
» maintiendra le plus longtemps au milieu des popula-
» tions sédentaires et productrices sera évidemment le
» meilleur à tous égard, tant au point de vue des faci-
» lités qu'aura sa construction que du but économique
» et politique qu'il est destiné à atteindre.

» Dans cet ordre d'idées qui s'impose, le tracé de
» Biskra à Ouargla, traversant environ 400 km. d'oasis
» malsaines pour les Européens et ne pouvant dépasser
» Ouargla, puisque, au devant, nous n'avons que des sables
» inhabités jusqu'au massif des Touaregs Ahaggar, n'offre
» qu'un intérêt stratégique ; ces avantages sont peu impor-
» tants, puisque le Sahara algérien ne dépasse guère
» Ouargla.

» Le tracé par Laghouat et Métlili ne peut aller plus
» loin que Golléa, il offrirait des avantages stratégiques
» et politiques importants, mais qui ne se manifestent
» pas d'une manière directe ; enfin ses avantages écono
» miques sont presque nuls au delà de Métlili.

» Le véritable tracé réunissant toutes les conditions
» que j'ai indiquées plus haut, est celui qui, partant d'un
» point quelconque de la province d'Oran, traversant
» la mer d'alfa, pendant plus de 200 km. ayant un point
» d'appui solide à hauteur de Figuig par la création d'un
» poste dans la région des Ksour de l'Ouest (1) se diri-
» gera par Igli et le long de l'Oued Saoura sur In-Salah.

» La ligne d'Oran-In-Salah traverserait jusqu'à la hau-
» teur de Figuig des territoires qui nous appartiennent,
» occupés par des populations sédentaires et productri-
» ces ; plus au Sud, elle traverserait la ligne des Ksour
» installés sur l'Oued Zousfana : à Igli elle descendrait
» la fertile vallée de l'Oued Saoura, drainant ainsi la
» région à l'Est occupée par les Ksour populeux du
» Gourara, de l'Aouguerout, du Bouda, du Timmi, du Tidi-
» kelt, du Bled Reggan.

---

(1) Le poste d'Aïn-Sefra ne fut créé qu'à la fin de l'année 1881.

» Cette ligne qui, dès ses débuts, aurait un certain
» trafic assuré, est essentiellement stratégique ; elle annule
» l'action des Ksour de Figuig et des nombreuses et belli-
» queuses populations berbères qui pérégrinent entre
» Figuig et Igli. Elle permet de couper court aux incur-
» sions des Ouled Sidi-Cheikh et de détruire leur influen-
» ce au Gourara et au Touat : elle permet également
» d'amener à notre discrétion les Touareg Ahaggar dont
» tous les ravitaillements et le commerce se font à In-
» Salah et au Bled Reggan. »

C'est ainsi que le Gouverneur général de l'Algérie, en
1881, jugeait la question avec une justesse et une profondeur de vues que l'avenir a amplement confirmées.

Actuellement, la question du Transsaharien a pris surtout le caractère d'une œuvre de Défense Nationale pour
la Métropole aussi bien que pour l'Algérie et l'A. O. F. Les
personnalités techniques algériennes que nous avons vues
et consultées au cours de notre mission s'en rendent parfaitement compte, et comprennent que le point de vue
stratégique doit primer tous les autres. Elles préfèrent
s'abstenir de discuter les raisons pour lesquelles le Conseil Supérieur de la Défense Nationale, sur la proposition
des Ministres de la Guerre et de la Marine et pour des
raisons d'économie et de rapidité d'exécution, a reconnu les avantages du choix de Ras-el-Ma-Crampel comme
tête de ligne du Transsaharien.

L'une de ces personnalités les plus qualifiées pour
émettre un avis autorisé, M. Boulogne, ancien directeur
des Territoires du Sud, actuellement président du Conseil Supérieur des Chemins de fer algériens, a prononcé
devant nous une parole qui nous a frappé. Il a rappelé
ce que disait un autre Gouverneur général de l'Algérie,
M. Laferrière, à l'égard des différents projets de Transsaharien, à une époque où les représentants des trois
départements algériens discutaient cette question. Pour
faire cesser leurs divergences d'opinions, M. Laferrière

posait, en principe, qu'il ne devait y avoir *qu'un seul Transsaharien*, mais qu'il pourrait et devrait y avoir *plusieurs lignes sahariennes* branchées sur ce tronc commun et le reliant directement aux trois départements algériens.

Il semble que cette formule devrait rallier encore maintenant tous les suffrages. Si, pour des raisons de Défense Nationale, on doit commencer par exécuter le Transsaharien de la Vallée de la Saoura, relié par la voie la plus directe, c'est-à-dire à Ras-el-Ma-Crampel, au réseau algérien, il est permis d'espérer que, dans un avenir assez prochain, on pourrait brancher sur ce Transsaharien, dans la région d'In-Salah, par exemple, des lignes sahariennes rejoignant directement les provinces d'Alger et de Constantine.

Il convient d'ajouter que, dès l'origine, le raccordement direct dont l'établissement a été décidé, en principe, a Sainte-Barbe-du-Tlélat, entre la ligne d'Alger et la ligne de Sidi-bel-Abbès, permettra aux trains du Transsaharien, comme à ceux qui viendront d'Oudjda et bientôt de Fez et du Maroc, d'aller directement sur Alger, non seulement sans passer par Oran comme déjà maintenant, mais même sans rebroussement et sans perte de temps. Il ne peut donc être question de faire perdre à Alger son rang incontesté de métropole de l'Algérie et l'établissement du Chemin de fer transsaharien ne pourra qu'augmenter encore son importance et son rayonnement extérieur.

XII

La sécurité dans la traversée du Sahara

 -Les adversaires du tracé par l'Ouest, du tracé par Oran, tout au fond d'eux-mêmes, ne doivent plus être loin de reconnaître ses supériorités techniques, économiques et militaires. Il faut, en tout cas, qu'ils les redoutent singulièrement pour en être réduits à soulever, contre lui, la misérable controverse de la sécurité dans la traversée du Sahara.

Voilà bien, en effet, la dernière cartouche de nos amis d'Alger et de Constantine, et leur plus éloquent porte-paroles, M. Morinaud, ne manque aucune occasion d'écrire, dans les journaux de la Métropole, que faire passer le Transsaharien par l'Ouest, c'est envoyer ses voyageurs au massacre, ses trains au pillage. Ah ! comme il a habilement tenté d'exploiter, il y a quelques mois, l'assassinat du regretté René Estienne qui, en vérité, n'était pas tombé sur l'itinéraire du Transsaharien, mais dans une région tout à fait différente, au Maroc. Notre exposé, d'ailleurs, nous ramènera bientôt à ce douloureux incident, quand ce ne serait que pour rendre hommage à la mémoire d'un héroïque garçon qui a tant fait pour la pénétration française au Sahara.

La sécurité a deux aspects : un aspect intérieur, un aspect extérieur. Autrement dit, on doit envisager, d'une part, la sécurité du Transsaharien relativement aux actes de banditisme dont il pourrait avoir à pâtir en temps de paix — et qui sont fonction de la police du Sahara, — et, d'autre part, la sécurité du Transsaharien relativement aux attaques qui pourraient être dirigées contre lui en temps de guerre — et qui sont fonction de la politique internationale.

Au point de vue sécurité intérieure, il est inexact que le Sahara soit un coupe-gorge où quiconque s'aventure est voué à la mort. En affirmant le contraire, pour les besoins d'une mauvaise cause, on méconnaît injustement l'œuvre de police si efficace accomplie par nos belles troupes sahariennes. Les actes de banditisme se font de plus en plus rares et sont de moins en moins fructueux pour leurs auteurs — et ceci s'applique à toutes les zones sahariennes dépendant de l'Algérie, de l'Ouest à l'Est, car les djiouch et les rezzous, au temps où ils sévissaient fréquemment, se montraient partout. La situation est tout à fait satisfaisante, *actuellement, au Sahara occidental, où, d'ailleurs, le chemin de fer créerait au besoin lui-même sa sécurité.*

Lorsque l'on a prolongé la voie étroite jusqu'à Colomb-Béchar, le pays était à peine pacifié ; par la suite, à plusieurs reprises, des agitations ont dû être réprimées. *Or, jamais le chemin de fer n'a été attaqué.*

Nous allons, cependant, faire la part belle à nos contradicteurs : admettons, un instant, que le Sahara soit encore la proie du banditisme. Le Transsaharien est-il une entreprise vouée à une durée de quelques années, ou une entreprise offerte à l'éternité, pour autant que les œuvres humaines puissent aspirer à l'éternité ? Conçoit-on que jamais, dans le temps, la France, avec les puissants moyens dont elle dispose, ne parviendra à purger le désert de ses pillards ?

Il n'y aurait donc là, en tout état de cause, qu'une situation passagère, sans effet sur les raisons puissantes qui conseillent de faire passer le Transsaharien de ce côté.

Mais, répétons-le, tout cela est vain, parce que le chemin de fer crée lui-même la sécurité partout où s'entend le fracas du roulement de ses convois.

On agite, comme des spectres menaçants, contre le tracé par l'Ouest, le Tafilalet et le Rio de Oro.

La question du Tafilalet sera résolue à brève échéance, assurément avant qu'on ne donne le premier coup de pioche pour le Transsaharien, parce que le Maroc, dès qu'il aura accompli la tâche de pacification en cours dans le Nord, devra porter ses efforts dans le Sud ouvert déjà à une mise en valeur active. Il est certain également que la population sédentaire du Tafilalet attend avec impatience notre venue, car elle est la première victime des brigands qui vont y chercher un refuge.

Quant à prétendre que nous ne réussirons jamais à nous garder contre les pillards du Rio de Oro, c'est une aimable plaisanterie. La distance d'abord, l'inhospitalité de la zone à traverser ensuite mettront toujours le chemin de fer à l'abri de leurs coups. Les rezzous venant de l'enclave espagnole ne s'aventurent pas dans le Tanezrouft, où ils savent bien qu'ils périraient de soif ; ils vont opérer en Mauritanie et le long de la lisière du Soudan.

Au surplus, l'argument du banditisme, si l'on prétendait faire état d'une insécurité purement locale, jouerait n'importe où l'on ferait passer le Transsaharien. Des attentats contre les personnes et contre les biens, contre les piétons et contre les véhicules, se produisent dans le Sahara algérois et dans le Sahara constantinois, comme dans le Sahara oranais. Les malfaiteurs ne sont pas moins dangereux, pas moins recommandables lorsqu'ils se recrutent sur place que lorsqu'ils viennent de loin.

Si nous voulions tirer sur la même corde, il nous serait facile d'emprunter aux journaux d'Alger le récit de coups de main accomplis dans la région de Laghouat, il y a quelques mois à peine. Mais la discussion, dans cet ordre d'idées, est tellement puérile, elle a si peu de signification qu'on perdrait son temps à la prolonger, tant il est facile d'opposer des faits identiques aux faits allégués.

Quand la mission oranaise, se rendant au Niger, a quitté Colomb-Béchar pour s'engager dans la vallée de la Saoura, elle a été accompagnée par des autos militaires et par des avions. On a voulu voir là, à Alger et à Constantine, des mesures de protection exceptionnelles.

Au départ de Colomb-Béchar, une seule automobile voyageait de concert avec la voiture de la mission oranaise. Elle était montée par le commandant d'artillerie Gautch, inspecteur du matériel automobile spécial militaire du Sahara, qui effectuait sa tournée habituelle dans la région et qui avait totalement oublié de se faire suivre par ses canons... Puis, à Igli, il y eut une rencontre, une bonne rencontre : le colonel Rollet, commandant le 1er Etranger à Sidi-bel-Abbès, inspectait ses détachements de l'Extrême-Sud, comme il le fait toujours au moins une fois par année, et sa voiture automobile fit route avec celle de la mission oranaise. A Adrar, dernier poste militaire, dernier poste à inspecter, eut lieu la séparation.

Quant aux avions, deux appareils du centre de Colomb-Béchar ont pris leur envol le matin du départ de la mission oranaise, pour Beni-Abbès et Adrar où ils avaient une mission photographique à remplir en compagnie d'officiers aviateurs du département d'Alger. Sans compter qu'avec leur vitesse, il leur eut été impossible d'accompagner et de protéger un grand car faisant du vingt à l'heure en moyenne, ils allaient simplement se livrer à leur travail habituel. S'il avait dû y avoir escorte, c'eut été une escorte d'honneur, le départ pour la traversée du Sahara constituant un événement, et non une escorte de sécurité.

En outre, M. Roux-Freissineng, député d'Oran, qui faisait partie de la mission, est membre de la Commission de l'Aéronautique de la Chambre ; or il avait été spécialement chargé par cette Commission d'étudier les liaisons aériennes transafricaines et, de Beni-Abbès à Adrar, il devait effectuer le voyage en avion.

Tout ce qui s'est passé a donc eu un caractère normal. On n'a rien fait de plus extraordinaire pour la mission d'Oran que pour les missions d'Alger et de Constantine.

Et pourtant, si nous voulions chicaner, nous aussi, nous pourrions dire de la mission d'Alger qu'elle a couru un grand péril, puisque M. le capitaine Lehuraux, dans le discours prononcé au banquet de retour et dont nous avons déjà précédemment cité quelques extraits, a pu rappeler à ses compagnons de raid algérois cet épisode aussi amusant qu'original :

— *Ce n'est point se montrer non plus un vain* **laudator temporis acti** *que de se remémorer le courage — j'allais dire l'espoir — avec lequel vous avez envisagé la possibilité d'une rencontre avec le groupe de pillards du Sud marocain qu'un radio de Tombouctou, parvenu à Tamanrasset, signalait dans la région Nord de la boucle du Niger,* **c'est-à-dire sur notre itinéraire.**

« Savez-vous, Messieurs, que vous aviez fière allure, la tête couverte du casque colonial, les jambes entourées de molletières et le mousqueton de cavalerie en bandoulière ? Vous n'étiez pas, je vous l'assure, une troupe d'opérette, et si la mauvaise étoile des pillards les avait amenés sur notre chemin, ils auraient certainement passé un mauvais quart d'heure. Mais, à votre grande déception, nous n'avons pas vu l'ombre d'un brigand et si votre matériel guerrier fut utilisé, ce ne fut que contre d'inoffensives gazelles. Je ne vous en félicite pas moins de l'ardeur et de la vigilance avec lesquelles vous avez pris le quart la nuit, dans les régions suspectes, alors que vous auriez si bien apprécié, à ce moment, la douceur d'un sommeil réparateur. »

Ironie de la fatalité ! C'est le tracé oranais qui est dangereux, mais c'est sur le tracé algéro-constantinois qu'il faut, la nuit, monter la garde, le fusil en mains !

Que l'on se rassure : nous ne prendrons pas prétexte de l'alerte pour inculper le tracé algéro-constantinois d'insécurité. Il n'y a, du reste, pas besoin d'aller au Sahara pour être exposé à faire de mauvaises rencontres. Personne n'a jamais songé à pousser des clameurs de panique parce que quelques voyageurs ont été proprement assommés, dans leur compartiment, sur des express circulant en France, et les attaques de trains, par des bandes armées, en Amérique, ne sont pas que des mises en scène pour films cinématographiques.

La répression du banditisme est une affaire de police intérieure, rien de plus.

René Estienne, lui, est tombé sous les coups de bandits, au Maroc, alors qu'il n'éprouva jamais la moindre agression dans le Sahara oranais, où il circulait pendant plusieurs mois de l'année et qu'il a traversé tant de fois, tout comme son frère, Georges Estienne, du Nord au Sud et du Sud au Nord.

Seulement, le Sahara n'est pas précisément de séjour agréable dès qu'arrive la période des chaleurs. C'est pourquoi, René Estienne, qui disposait d'un imposant matériel de camions automobiles, avait songé à l'utiliser dans une région plus propice, pendant la saison d'été. Dans ce but, il avait quitté Reggan, était revenu à Colomb-Béchar et était parti pour le Maroc, pour Bou-Denib, à 150 kilomètres à l'Est de Colomb-Béchar.

A Bou-Denib, il avait décidé d'organiser un service de transports pour les minerais de plomb de Talsint. Le 18 mai dernier, en revenant de ces mines de Talsint, situées au pied de l'Atlas marocain, et alors qu'il se trouvait encore à 72 kilomètres au Nord de Bou-Denib, il fut attaqué et massacré par des pillards qui en voulaient à ses armes.

On le voit, René Estienne est tombé loin du territoire algérien. Lorsque sa dépouille mortelle arriva à Oran, pour y être embarquée pour la France, des obsèques émouvantes lui furent faites. C'était un juste hommage rendu à l'héroïque fils du général Estienne, qui, à une époque où tant de jeunes gens pleins d'intelligence et de vigueur n'ont pas la force de s'arracher à la séduction des dancings, avait fait du Sahara le centre de son activité, pour se rendre utile à sa Patrie.

L'objection de la sécurité intérieure ne signifie rien, on s'en rend compte. M. Viollette, gouverneur général de l'Algérie, dont on voudra bien croire qu'il est informé de tout ce qui se passe au Sahara, en a fait pleine justice, le 25 mai dernier, lorsque, reçu officiellement à la Chambre de Commerce d'Oran, il s'écria avec force :

— *Il y a aussi une question de toute première importance, c'est celle du Transsaharien. Nous Français, Nous Algériens, surtout, nous avons le souci de faire les choses en profondeur, et non pas en surface.*

« *En réalité, le Transsaharien doit être fait : la France se doit de le faire. Vous m'avez prié de dire mon sentiment, mais je crois bien l'avoir exprimé déjà...*

« **Et j'ajoutais que c'est le tracé par l'Ouest, le tracé par la vallée de la Saoura, qui s'imposait.**

« **Je ne crois pas qu'on puisse établir un tracé plus productif, plus opulent que celui-là.**

« **Et qu'on ne me parle pas de la sécurité !**

« *Nous avons vu, nous connaissons tous ce pays. J'ai eu personnellement l'occasion de le parcourir et je puis bien dire qu'à ma connaissance, sur tout*

le territoire français, il ne se produit pas d'inci-
dents, du moins d'incidents fâcheux. »

Suivons le conseil de M. Viollette : ne parlons plus de la sécurité, de la sécurité intérieure du Sahara. Mais il faut étudier, maintenant, *la question de la sécurité extérieure du futur Transsaharien*, autrement sérieuse, autrement troublante, autrement grave, celle-là.

On se rappelle que la Commission d'études du Conseil supérieur de la Défense nationale, en fixant les conditions optima que devait remplir le tracé du Transsaharien, avait notamment retenu celle-ci :

— Etre le moins vulnérable possible, c'est-à-dire éloigné de la mer et des territoires soustraits à notre influence.

Eloigné de la mer pour qu'en cas de guerre, aucun coup de main ne puisse être tenté contre le Transsaharien, à la suite d'un débarquement sur la côte de l'Atlantique. En ce sens, quel que soit le tracé adopté, par l'Est ou par l'Ouest, la garantie est absolue. Aucune troupe européenne ennemie ne pourra jamais s'enfoncer dans le Sahara. Quant à utiliser les gens du Rio de Oro, ceux-ci ne sont pas assez nombreux, assez bien équipés, pour tenter l'entreprise. La meilleure défense du chemin de fer, du côté de la mer, du côté de l'Ouest, est l'immensité saharienne elle-même.

Aussi est-ce dans l'Est que les plus sévères précautions doivent être prises pour assurer la sécurité du Transsaharien — dans l'Est, parce que, là-bas, il y a la Tripolitaine et la Libye, qui correspondent très exactement à l'expression « territoires soustraits à notre influence », puisque l'Italie y a définitivement recueilli l'héritage de la Turquie.

Que l'Italie accomplisse ou n'accomplisse pas jusqu'au bout l'effort nécessaire pour faire passer totalement sous sa domination effective l'ensemble de ces territoires jusqu'à notre frontière, c'est son affaire. Mais, pour nous, Français, le résultat est soit un contact épineux avec des populations turbulentes travaillées par le senoussisme, contre lesquelles nous ne pouvons rien, soit un voisinage immédiat avec une puissance méditerranéenne dont les ambitions africaines s'expriment ouvertement, dont les amères récriminations nous désignent nettement. Nous ne saurions ignorer ce que M. Auguste Terrier appelait « les aspirations italiennes vers le Tchad », dans un article aussi fortement écrit que documenté, publié par le *Bulletin du Comité de l'Afrique Française* d'avril 1927.

Certes, nous souhaitons, nous voulons ardemment que les bons rapports entre la France et l'Italie ne soient jamais troublés ; nous sommes même convaincu que deux pays possédant un pareil fonds de traditions communes parviendront toujours à se comprendre et à s'entendre. Cependant, les peuples, quand il s'agit de leur sécurité nationale, sont soumis à des obligations implacables dont l'exécution ne saurait être interprétée ipso facto comme une manifestation d'hostilité à l'égard de quiconque. L'Italie, qui a procédé, dans ce sens, à l'installation récente de sept de ses divisions le long de notre frontière des Alpes jusque-là laissée dégarnie par elle, ne pourra éprouver aucun froissement si, en construisant le Transsaharien, la France juge sage et prudent de le mettre à l'abri de toutes les incertitudes de l'avenir.

Le tracé du Transsaharien devra donc être aussi éloigné que possible de la Tripolitaine et de la Libye. Le tracé par l'Ouest, le tracé oranais, remplit pleinement cette condition, alors que le tracé algéro-constantinois se trouverait particulièrement exposé, par le Hoggar, aux menaces de la Tripolitaine et de la Libye. On ne rayera pas, tout de même, de l'histoire saharienne qu'au cours de la guerre, en 1916-1917, le Hoggar a fait cause commune avec les bandes senoussistes de la Tripolitaine, qu'il s'est soulevé et qu'il a massacré le père de Foucauld. On n'essayera pas de soutenir, surtout après l'évolution subie par la politique européenne en ces deux dernières années, que si une guerre venait à éclater, la Tripolitaine, la Libye, ne seraient pas autrement inquiétantes et dangereuses, pour la sécurité du Transsaharien, que les djicheurs du Tafilalet ou du Rio de Oro. Les revendications méditerranéennes épineuses pour la France, se dévoilent dans l'Est et non dans l'Ouest.

Le problème de la sécurité, sous son aspect extérieur, n'a pas besoin d'être développé davantage. Il suffit d'avoir suggéré les réflexions nécessaires pour que le but soit atteint et que l'on soit fondé à répéter, une fois encore : **IL FAUT FAIRE LE TRANSSAHARIEN ET LE FAIRE PAR L'OUEST.**

XIII

Une autre supériorité du tracé par l'Ouest

On ne soupçonne peut-être pas, en France, combien l'étranger suit avec attention l'affaire du Transsaharien. Le voyage des missions algériennes au Niger a donné l'occasion à la Chambre de Commerce d'Oran et à quelques-uns de nos confrères, de publier des rapports, des livres et des brochures. Tous ces documents ont été aussitôt réclamés de la plupart des pays européens ; certains ont même fait l'objet d'une sollicitation semi-officielle. On saisit donc parfaitement, en Europe, l'importance considérable que présentera pour l'Afrique, pour toute l'Afrique, la construction du Transsaharien français ; on se préoccupe d'ores et déjà du bouleversement complet qu'il apportera fatalement dans la pénétration et l'organisation du marché africain.

Que le Transsaharien soit appelé à devenir un instrument précieux pour les échanges internationaux, personne ne peut légitimement en douter. Les prophètes du pessimisme ont beau gémir qu'il ne « rendra pas », qu'il ne pourra pas soutenir la concurrence de la voie maritime, il n'y a aucune raison pour que le chemin de fer, de même qu'il créé sa sécurité, ne crée pas, en Afrique, son trafic, comme il l'a créé dans tous les continents. Si le facteur tarifs joue un rôle, le facteur rapidité, le facteur temps en joue un aussi. D'ailleurs, tous les techniciens affirment qu'un billet du Transsaharien coûtera moins cher qu'un passage en paquebot, et on doit les croire puisque nos tarifs de transport par mer sont actuellement plus élevés, pour les voyageurs, que les tarifs de transport par chemin de fer.

Il est donc indispensable, quand on recherche le tracé le plus favorable, d'obtenir la garantie certaine qu'en temps normal, en temps de **paix**, le *Transsaharien offrira à l'économie française des avantages particuliers*.

Précisons notre pensée sous une autre forme :

Si, dans la guerre, le Transsaharien doit permettre à la France la pleine disposition des forces et des ressources africaines, il doit aussi, dans la paix, profiter avant tout à la production française, à l'industrie française, au commerce français, à la marine méditerranéenne française, en un mot à l'activité française, en lui conférant des avantages indestructibles sur la concurrence étrangère, dans les relations internationales avec le continent africain.

Cette nécessité absolue ne peut échapper à tous ceux qui ont le souci permanent de la prospérité de la France et elle doit, de toute évidence, exercer une large influence sur le choix définitif du tracé.

Le tracé Oran-Colomb-Béchar-Tosaye est-il apaisant de ce point de vue ? Assure-t-il à l'activité nationale une sorte de protection contre les activités étrangères, car il faut bien comprendre que nous allons vers « l'époque de l'Afrique » et que ce continent ne sera pas abandonné à nos seules facultés, mais constituera un marché convoité dont la maîtrise nous sera toujours ardemment disputée ?

Ce tracé nous ouvre-t-il la perspective de faire un Transsaharien français pour le plus grand bénéfice de la France ?

Nous répondons affirmativement, avec conviction, avec force :

Oui, c'est encore le tracé par l'Ouest, le tracé Oran-Colomb-Béchar-Tosaye qui ménagera à l'économie nationale les plus solides sauvegardes ; c'est le seul, dont il est permis de dire qu'il assurera à la France la récupération de ses sacrifices matériels ; c'est le seul, dont on puisse affirmer qu'il n'apportera pas bénévolement à nos rivaux anglo-saxons, allemands et italiens un outil d'expansion dont ils profiteront à nos dépens.

Le Transsaharien — il suffit de jeter les yeux sur une carte du bassin méditerranéen pour s'en persuader — constituera la voie la plus rationnelle, la voie naturelle pour les communications de l'Europe occidentale, avec l'Afrique centrale et l'Afrique australe.

Rejeté très à l'Est, le Transafricain du Caire au Cap, rêve anglais qui ne se réalisera peut-être jamais tant sont grandes les difficultés topographiques, est nettement désaxé. Il est dans l'axe de la Russie ; il n'est dans celui ni de l'Europe centrale, ni de l'Allemagne, encore moins de la France, de l'Angleterre et de l'Espagne. Qu'un certain tra-

fic de marchandises lui soit promis à la faveur
de l'activité de la marine marchande anglaise en
Méditerranée, c'est évident. Mais pour de nombreux transports, et même pour le trafic voyageurs,
son infériorité est écrasante, tellement l'élément
distance et l'élément temps qui en découle lui sont
contraires. La porte d'accès de l'Afrique centrale
et australe, pour l'Europe, se trouve incontestable-
ment dans l'Afrique du Nord française.

Par conséquent, en construisant le Transsaharien, la France rapprochera l'Afrique de l'Europe ;
elle donnera à cette dernière des moyens de communication faciles et rapides et, par suite, l'entraînera certainement à rechercher des débouchés dans
cette partie du monde, la dernière ouverte à la
pénétration européenne. Il y a là une fatalité iné-
vitable et nous pouvons d'autant moins nous y
soustraire que la justification de notre installation
dans l'Afrique noire est de prétendre y accomplir
une œuvre de civilisation.

En matière coloniale, la possession ne vaut et
ne dure, ne s'explique et ne se légitime que par les
transformations matérielles et morales, par les
bienfaits économiques et sociaux qui marquent
cette possession. La civilisation française, dans tous
les pays où nous l'apportons, n'est pas une trom-
peuse apparence, mais une sûre réalité ; elle ne se
manifeste pas exclusivement en surface, mais véritablement en profondeur. Cette tradition, cet attri-
but essentiel de notre génie, se répèteront en Afrique, ou l'Afrique nous échappera.

Or, il serait enfantin de supposer un instant qu'il
nous serait possible de fermer notre Afrique à nos
rivaux ; toutes nos colonies commercent avec

l'étranger, comme la Métropole elle-même. Notre Afrique n'échappera pas à cette règle. Aussi, par réciprocité, en la dotant du Transsaharien, devons-nous ambitionner de faire de celui-ci l'instrument de l'extension de nos propres activités à toutes les autres parties de l'Afrique ; de nous donner, grâce à lui, la clef des communications avec le Continent noir et au delà ; de placer en France, enfin, le point de transit obligé du courant de circulation, du mouvement économique européano-africain.

Si l'Afrique du Nord française est la porte d'accès de l'Europe en Afrique centrale et australe, quel est, dès lors, le tracé nord-africain qui permettra à la France, d'une part, de réserver une position pivilégiée à son industrie et à son commerce en ce qui concerne les frais de transport ; d'autre part, de ménager à son réseau ferroviaire et à sa marine marchande méditerranéenne les chances les plus plausibles de recueillir la presque totalité du trafic voyageurs et la majeure partie du trafic marchandises ?

Si nous nous reportons une fois encore à la carte du bassin méditerranéen, nous constatons que plus le point d'origine du Transsaharien se trouvera placé dans l'Est de l'Afrique du Nord, plus il subira l'attraction étrangère. En l'installant par exemple à Bizerte, on obtiendrait le singulier et dangereux résultat de désaxer la voie ferrée par rapport à la France et de la fixer exactement dans l'axe Italie-Allemagne. Par les ports de Gênes, Livourne, Naples on l'atteindrait sous une direction plus rectiligne que par nos ports de Marseille et de Port-Vendres. L'itinéraire Hambourg-Saint-Gothard-

Gênes, l'itinéraire Berlin, Saint-Gothard, Gênes, tous les itinéraires venant des Pays scandinaves, de l'Europe centrale et de la Russie emprunteraient des voies ferrées étrangères, des bateaux étrangers jusqu'en Algérie. L'Angleterre elle-même transiterait par la Belgique, l'Allemagne et l'Italie avec autant de facilités et d'avantages que par la France.

En revanche, plaçons le point d'origine du Transsaharien dans l'Ouest de l'Afrique du Nord. Il est aussitôt manifeste que l'axe traverse la France et rien que la France et que les ports italiens sont rejetés en position fortement excentrique, si excentrique que voyageurs et marchandises en provenance de l'étranger ont désormais tout intérêt à emprunter nos chemins de fer pour atteindre les ports de Marseille et de Port-Vendres, nos bateaux pour toucher la tête de ligne du Transsaharien.

D'aucuns seront vraisemblablement tentés d'opposer au tracé par l'Ouest l'objection espagnole, comme nous venons d'opposer l'objection italo-allemande au tracé par l'Est. Mais l'expérience a montré précisément la précarité du transit Oran-Métropole par l'Espagne. En dehors des obstacles constitués par la différence d'écartement des voies ferrées espagnoles, les longueurs et les difficultés du trajet en territoire espagnol, il y a, à son encontre, le fait brutal d'une complication des transports, sans économie de temps et d'argent.

Avant la guerre, un service direct Oran-Carthagène fonctionnait régulièrement chaque semaine ; il n'a jamais obtenu qu'un trafic insignifiant et son exploitation eut été particulièrement onéreuse, si elle n'avait été facilitée par le régime des subven-

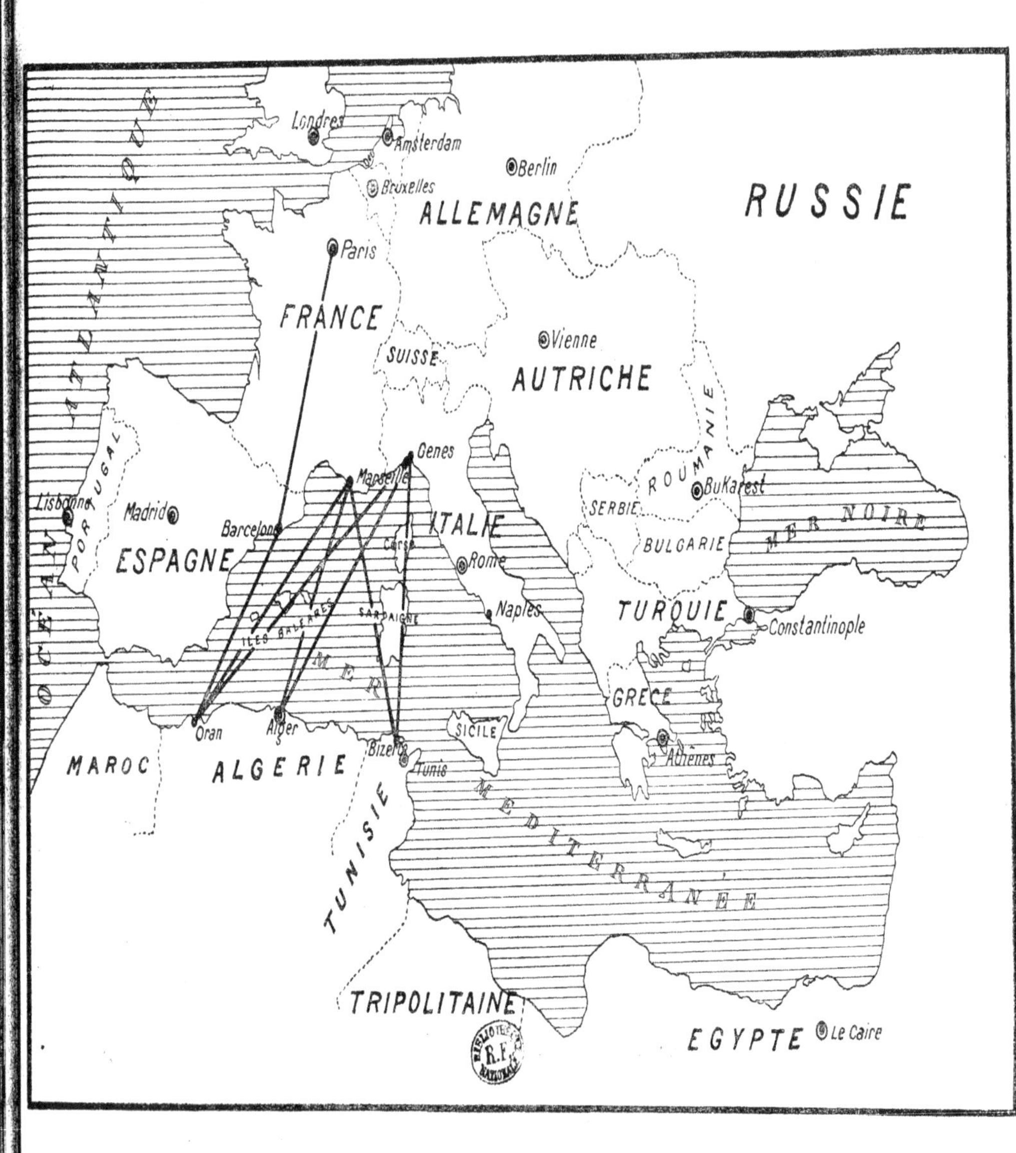

OCÉAN ATLANTIQUE
Londres
Amsterdam
Bruxelles
Berlin
ALLEMAGNE
RUSSIE
Paris
FRANCE
SUISSE
Vienne
AUTRICHE
ROUMANIE
SERBIE
BuKarest
MER NOIRE
BULGARIE
Genes
Marseille
Lisbonne
Madrid
PORTUGAL
Barcelone
ITALIE
Corse
Rome
ESPAGNE
Naples
TURQUIE
Constantinople
MER
SARDAIGNE
ILES BALEARES
GRECE
Oran
Alger
SICILE
Athènes
Bizerte
MAROC
ALGERIE
Tunis
TUNISIE
MEDITERRANÉE
TRIPOLITAINE
EGYPTE
Le Caire

tions sous lequel vivaient alors nos compagnies maritimes.

L'éventualité d'une attraction espagnole sur le mouvement d'échanges destiné au Transsaharien ne saurait donc pratiquement être retenue. En outre, l'Espagne, si prospère soit-elle, n'est pas à redouter en tant que pays de grosse industrie, en tant que pays de grande exportation.

Il en va tout autrement de l'Allemagne qui, dès maintenant, a retrouvé toute sa puissance industrielle et est plus avide que jamais de débouchés pour ses produits. Dans ses accords douaniers, elle recherche obstinément la clause de la nation la plus favorisée et l'éventualité de la voir s'implanter commercialement, non seulement dans la Métropole et dans l'Afrique du Nord, mais dans toutes nos colonies, comme sur tous les points du globe, n'est plus une hypothèse de discussion après la conclusion du récent accord douanier franco-allemand.

Nos concurrents les plus redoutables sont plus que jamais dans l'Est de l'Europe et nous avons le devoir de prendre des assurances contre leur activité. La politique de l'Italie dans tous les domaines n'est pas faite pour nous inspirer une quiétude absolue et, si le Transsaharien s'offrait tout à proximité de ses ports, elle aurait un intérêt trop évident à s'accorder avec l'industrie et le commerce allemands pour en tirer économiquement parti.

Il doit être retenu, en outre, qu'en raison de sa forte émigration en Amérique du Sud, l'Italie entretient avec celle-ci un intense mouvement de voyageurs. Le Transsaharien construit, tôt ou tard, s'ouvrira, en correspondance avec lui, la voie maritime Conakry-Natal (ou Pernambouc) ou Dakar-Natal (ou Pernambouc) qui représente de beaucoup la plus courte traversée entre Europe-Afrique et Amérique - du Sud. Sur ce point particulier encore, le tracé par l'Est avantagerait les voies de communication italiennes au détriment des voies de communication françaises.

On le voit, le tracé par l'Ouest réservera à l'économie française des supériorités indéniables sur ses rivales étrangères. Mais on ne peut le reporter plus loin qu'Oran sans se heurter aux dangers d'ordre militaire que le Conseil supérieur de la Défense nationale a soulignés en 1923. C'est donc d'Oran que doit partir, en Afrique du Nord, le Transsaharien et il se trouve ainsi que, par un heureux concours de circonstances, le tracé Oran-Colomb-Béchar-Tosaye est celui qui satisfait le plus sûrement non seulement aux nécessités de la Défense nationale, mais encore aux sécurités économiques que la plus élémentaire prudence nous commande de rechercher vis-à-vis de l'étranger.

En adoptant le tracé oranais, nous ferons dès lors véritablement un chemin de fer français pour la France et nous répondrons au juste vœu de Melchior de Vogüé : « A jouer cette partie du Transsaharien, il vaut mieux la jouer chez nous ».

Du point de vue technique, il réalisera le tracé rectiligne, le tracé le moins long, sur le terrain le plus facile, et exigera par suite les moindres dépenses de construction et d'exploitation, étant entendu que le parcours saharien doit être considéré comme l'analogie d'un parcours maritime à effectuer le plus rapidement et le moins onéreusement possible.

Du point de vue militaire, il sera le moins exposé dans la traversée du Sahara et le moins vulnérable dans la traversée maritime entre l'Afrique et la Métropole.

Du point de vue international, enfin, il favorisera l'industrie, le commerce, les chemins de fer, les navires français en infligeant un handicap sensible à l'industrie, au commerce, aux chemins de fer, aux navires étrangers..

Si nous répétons ce que nous avons écrit déjà si souvent : à savoir que le Transsaharien est une question nationale et non une question algérienne, que les intérêts particuliers des départements algériens ne sauraient à aucun titre et à aucun moment être pris en considération dans une pareille affaire, nous sommes en droit d'affirmer que la décision du Conseil supérieur de la Défense nationale qui, en 1923, a recommandé au Gouvernement l'adoption du tracé Oran-Colomb Béchar-Tosaye, s'est inspirée exclusivement de l'intérêt de la France et a atteint pleinement son but : **IL FAUT FAIRE LE TRANSSAHARIEN ET LE FAIRE PAR L'OUEST.**

XIV

Le port d'Oran

Nous l'avons dit déjà : dans la controverse sur le tracé le plus favorable au Transsaharien, Oran se place simplement en position de défense. Le Conseil supérieur de la Défense nationale s'étant formellement prononcé, en 1923, il s'agit de savoir si on écoutera et suivra les personnalités politiques algériennes qui, pour assurer le triomphe d'intérêts purement locaux, font revivre la querelle des tracés et s'insurgent contre un choix arrêté en pleine connaissance de cause, ou si on laissera la première décision recevoir son plein effet. Nous avons voulu, quant à nous, démontrer qu'il n'y avait point eu erreur, que le tracé par l'Ouest, comme l'a écrit M. Albert Mahieu au nom de la Commission d'études, s'imposait en toute impartialité, et que, dans la campagne poursuivie avec acharnement contre l'itinéraire Oran-Colomb-Béchar-Tosaye, il n'y avait qu'un procès de tendance.

On ne s'est pas contenté, en effet, de contester les supériorités techniques, économiques et militaires du tracé oranais. On est allé jusqu'à réclamer le Transsaharien pour Alger, comme un droit supérieur, en même temps qu'on déniait au port d'Oran la possibilité matérielle de devenir la tête de ligne d'un chemin de fer appelé à assurer un aussi gros trafic.

M. Broussais, ancien député d'Alger, conseiller général, doyen de la mission algéroise au Niger, écrivait, dans son si fantaisiste et si agressif compte rendu au Conseil général d'Alger, au mois de mars dernier :

— Oran qui va doter son port du dernier bassin possible, manque complètement de place pour assurer le transit des voyageurs et des marchandises du Transsaharien, alors que de toute évidence c'est à peine si bientôt il suffira au trafic régional et marocain qui fait sa richesse.

« Alger seul, placé sur la ceinture maritime du monde, desservi chaque jour davantage par des paquebots rapides qui l'unissent quotidiennement à la Métropole, escale des plus grands navires naviguant entre l'Amérique, le Nord de l'Europe et tout l'Orient, est tout indiqué comme tête de ligne principale du grand chemin de fer d'intérêt national et colonial qui, dans l'avenir, sera prolongé jusque dans l'Afrique du Sud par le Transafricain international.

« Quel que soit le trafic futur qui en résultera pour le port d'Alger, celui-ci pourra y faire face par la multiplication de ses bassins, tout autour de la rade, la construction facile de toutes les voies d'accès devant desservir ces bassins et l'établissement des gares de triage nécessaires dans la plaine de la Mitidja.

. . . .

« Alger ne peut, en effet, conserver sa situation de

centre de l'activité française dans l'Afrique du Nord qu'en demeurant le pivot du tourisme maritime et terrestre, le principal point de départ de la pénétration africaine et en devenant la tête du chemin de fer transsaharien. »

La Chambre de Commerce d'Alger, dans sa séance du 6 août 1927, a approuvé un rapport d'une irréprochable courtoisie de forme, établi par l'un de ses membres les plus distingués, M. Edouard Tiné, sur la question du Transsaharien. En voici un passage caractéristique :

— On ne pourra, en premier lieu, négliger au point de vue administratif et politique, la situation particulière de la ville d'Alger, centre de la vie administrative de la Colonie, siège de toutes les Directions et du 19ᵉ Corps d'armée.

« *Par ailleurs et géographiquement parlant, Alger est un lieu géométrique dans le bassin méditerranéen.*

« *Elle l'est aussi en considération de son heureuse disposition au centre du bloc nord-africain par rapport aux protectorats qui épaulent l'Algérie, comme par rapport aux centres vitaux et administratifs de ces protectorats.* »

Qu'Alger soit la capitale politique et administrative de l'Algérie, nul n'en prend ombrage. Le titre et la fonction lui conviennent admirablement, car c'est non seulement la plus belle ville de l'Algérie, mais aussi une des plus belles de la France intégrale. Mais il n'en découle pas automatiquement qu'elle doive tout recevoir, tout absorber. Il n'en résulte pas nécessairement qu'elle ait un droit de priorité absolu lorsqu'il s'agit de contingences purement économiques et militaires. Washington est la capitale politique et administrative des Etats-Unis ; elle s'en satisfait amplement et n'a jamais prétendu, par boulimie chronique, paralyser le développement des autres cités américaines.

En quoi le Transsaharien dépend-il, dépendra-t-il jamais de la politique, de l'administration algériennes ? Il sera géré et exploité par une Compagnie dont le siège sera certainement à Paris, et non à Alger ou à Oran. Il aura une administration autonome qui ne rendra de comptes qu'au Gouvernement métropolitain. Il s'occupera seul de ses affaires et ne sera placé ni sous la tutelle, ni sous la surveillance des autorités algériennes. Alors quelles raisons impérieuses de le faire aboutir à Alger, si son propre intérêt, si l'intérêt national ne l'exigent pas ?

Une raison de prestige ? On ne va tout de même pas dépenser deux milliards pour donner une satisfaction d'amour-propre à une ville algérienne quelconque. Le seul prestige en jeu, en la circonstance, est celui de la France. Or le prestige de la France est partout où flotte son drapeau.

Alger posséderait seule un port capable de recevoir le transit du Transsaharien, un port jouissant d'une situation privilégiée en Méditerranée, de par sa position géographique ?

Méfions-nous des mots et des formules ! Le temps et les événements ont prise sur eux, même quand il s'agit de ports...

Oui, Alger a été jusqu'ici le premier port de l'Afrique du Nord et le troisième port de la France intégrale.

Oran, cependant, était le deuxième port de l'Afrique du Nord et le quatrième port de la France intégrale.

Mais, demain, quels seront les destins des ports d'Alger et d'Oran ?

Voyons les statistiques.

MOUVEMENT GENERAL DE LA NAVIGATION

PORT D'ALGER

En 1923 : 8,626 navires.

En 1924 : 8,420 navires. Tonnage, 13,918,915 ; tonnage des marchandises, 2,698,959.

En 1925 : 8,358 navires. Tonnage, 13,246,767 ; tonnage des marchandises, 2,808,920.

En 1926 : 8,816 navires. Tonnage, 14,083,439 ; tonnage des marchandises, 2,641,852.

PORT D'ORAN

En 1923 : 7,008 navires.

En 1924 : 7,037 navires. Tonnage, 9,802,427 ; tonnage des marchandises, 1,862,631.

En 1925 : 7,997 navires. Tonnage, 11,591,513 ; tonnage des marchandises, 1,946,374.

En 1926 : 8,432 navires. Tonnage, 12,730,478 ; tonnage des marchandises, 2,214,860.

RELACHEURS

PORT D'ALGER	PORT D'ORAN
En 1923.. 1.298 navires.	En 1923.. 607 navires.
En 1924.. 1.198 —	En 1924.. 883 —
En 1925.. 1.019 —	En 1925.. 1.110
En 1926.. 1.085 —	En 1926.. 1.402 —

Comparons et méditons ces chiffres...

Alger est un grand port ? Soit, et nous nous en réjouissons pour la prospérité générale de l'Algérie. Mais Oran ? Comment nierait-on sa marche ascendante, ses progrès rapides ? Et qui ne devine, qui ne voit que le temps n'est plus loin où il aura enlevé la première place à Alger ?

Alger semble avoir atteint son maximum et son activité est stable depuis 1923 ; il y a même recul sensible pour le nombre de navires. Or, durant ces mêmes quatre années, Oran a gagné 1,424 navires et 4,832,746 tonnes.

Pour les navires en relâche, la comparaison est plus frappante encore :

De 1923 à 1926, Alger a perdu 213 navires, cependant qu'Oran, doublant très largement son chiffre, en gagnait 795.

Il est dès lors peut-être imprudent d'avancer qu'Alger « géographiquement parlant, est un lieu géométrique dans le bassin méditerranéen ». La vérité est que la position d'Oran est particulièrement favorable pour les navires en relâche, qui viennent s'y ravitailler de plus en plus nombreux au détriment, à la fois, de Gibraltar et d'Alger.

Par ailleurs, le port d'Oran est parfaitement outillé. On se réjouissait à Alger, récemment, d'avoir pu ravitailler un navire en huit heures de temps. Les ravitaillements en cinq heures sont fréquents à Oran ; on est même parvenu à accomplir l'opération en trois heures. Le quai aux charbons est pourvu des engins mécaniques les plus perfectionnés, et deux réservoirs, d'une capacité de 25,000 tonnes, envoient le mazout, par des canalisations, jusque dans les soutes des navires.

Et si l'on veut des faits, empruntons ces quelques lignes à l'*Echo d'Oran* du 10 septembre 1927 :

— Le vapeur « P.L.M. 20 », de la Société Nationale d'Affrètements, arrivait le 28 août dans notre port pour y débarquer cinq locomotives destinées aux Chemins de fer P.L.M. et pesant chacune soixante-dix tonnes.

Ce navire est à nouveau arrivé dans notre port hier matin, ayant à bord cinq autres locomotives et six tenders.

Ces locomotives et tenders ont été chargés à l'arsenal de Toulon, le port de Marseille n'ayant pas de moyens de levage suffisants pour effectuer la mise à bord de ces grosses pièces.

Sur les dix locomotives transportées par ce navire cinq sont destinées à Alger. Elles ont, cependant, dû être débarquées à Oran.

Le grand port d'Alger, comme celui de Marseille, ne possède pas, en effet, de bigue flottante assez puissante pour effectuer le débarquement de machines d'un pareil poids.

Oran, par contre, possède une bigue suffisamment puissante. Ainsi, notre port, qu'on affecte si souvent de dédaigner, est bien mieux outillé, quoi qu'on en dise, que Marseille et Alger.

Le vapeur « P.L.M. 20 » pourra reprendre la mer ce soir samedi, ayant débarqué en seize heures cinq locomotives pesant chacune soixante-dix tonnes et dix tenders pesant chacun dix-huit tonnes.

C'est un beau succès pour le port d'Oran.

Mais le port d'Oran est-il à bout de souffle, comme l'annonce avec joie M. Broussais, et devra-t-il, bientôt, prier les capitaines des bateaux d'aller s'amarrer ailleurs, faute de place ?

Les bassins en service sont suffisamment vastes et profonds pour recevoir les plus grands paquebots. L'un de ces bassins a une surface de 25 hectares. La longueur totale des quais est, en ce moment, de 3,684 mètres, dont 1,380 par fonds de 7 m. 40 à 10 m. 40 et 2,304 par fonds de 3 à 6 mètres. Les terre-pleins atteignent une superficie totale de plus de 26 hectares.

Ce n'est pas tout. Les travaux d'agrandissement actuellement en cours d'exécution, et qui seront complètement terminés en 1932, vont doter le port d'Oran de 1,170 mètres de nouveaux quais, d'un nouveau bassin offrant des fonds de 8 à 12 mètres et de 26 hectares de nouveaux terre-pleins.

Sans doute, étant donné la progression si rapide du trafic, tous ces aménagements supplémentaires seront utilisés aussitôt leur achèvement. Toute nouvelle extension sera-t-elle impossible dès lors ? Pas le moins du monde.

Il est d'abord inexact qu'on ne pourrait poursuivre l'agrandissement vers l'Est. Mais la Chambre de Commerce d'Oran, qui sait faire preuve de clairvoyance, qui devine l'avenir promis à son port, entend d'ores et déjà le mettre en état de faire face à toutes les nécessités futures et, il y a quelques mois, elle a entrepris les démarches nécessaires pour se faire attribuer la concession de la baie de Mers-el-Kébir. L'agrandissement se ferait donc désormais vers l'Ouest.

Le jour où le port d'Oran englobera la baie de Mers-el-Kébir, on aura réalisé la plus belle, la plus vaste base maritime de l'Algérie. L'événement ne

sera pas important au seul point de vue économique ; il offrira aussi un intérêt militaire capital,
car nos escadres y trouveront, en même temps
qu'un abri très sûr, une position excellente, à l'orée
du couloir qui va se rétrécissant jusqu'au détroit
de Gibraltar.

Le Transsaharien aboutira donc non seulement
à un port marchand considérable, mais à un port
militaire très puissant et très facilement défen-
dable, alors que la baie d'Alger peut-être aisément
battue à revers par une flotte ennemie tirant par
dessus les collines du cap Matifou. (1)

On le voit, le port d'Oran n'est en état d'infériorité à aucun point de vue relativement au port
d'Alger. Rien ne nous interdit de répéter qu'**IL
FAUT FAIRE LE TRANSSAHARIEN ET LE FAIRE
PAR L'OUEST.**

---

(1) La future Commission d'études, si elle doit fonctionner, devra solliciter l'avis de l'état-major général de la
Marine en ce qui concerne les sûretés militaires respec-
tives des ports d'Oran et d'Alger.

XV

Faire le Transsaharien et le faire
par l'Ouest

Nous avons terminé l'examen et la discussion des objections dressées contre le tracé par l'Ouest, et nous avons confiance dans le jugement de nos lecteurs.

Avec nous, ils s'étonneront que l'avis transmis au Gouvernement, en 1923, par le Conseil supérieur de la Défense nationale, ait pu être mis en échec par des réclamations infondées. Avec nous, ils déploreront la perte de temps qu'entraîneraient inévitablement de nouvelles études, alors que l'intérêt du pays est de se décider rapidement et de réaliser plus rapidement encore. Avec nous, ils demanderont que la question du Transsaharien reçoive la seule solution conforme à l'intérêt national. Avec nous, ils formuleront le vœu que le Parlement, au cours de la session extraordinaire qui va s'ouvrir dans quelques jours, adopte la proposition de loi de M. de Warren. Avec nous, enfin, ils voudront que se fixent les destins de la France africaine.

— Lâchons l'Asie, prenons l'Afrique », a dit O. Reclus.

Nous n'avons aucune intention de lâcher l'Asie. L'avenir qui nous y est réservé n'en demeure pas moins bien incertain et seuls les prophètes pourraient dire ce qui sortira finalement du réveil de la Chine. L'Extrême-Orient est si loin que les moyens de nous y défendre efficacement nous seront toujours mesurés ; il y faudrait une puissante marine et nous ne la possédons pas ; les accords de Washington nous interdisent, au demeurant, de la constituer.

Par contre, l'Afrique est là, à quelques heures du rivage métropolitain. La France y possède un gigantesque empire colonial qu'elle domine du haut de l'admirable bastion constitué par l'Algérie, le Maroc et la Tunisie : un seul obstacle l'empêche de prendre réellement le Continent noir, de le pétrir, de le transformer, de l'imprégner profondément du génie de la civilisation française, un seul obstacle : le Sahara. Cet obstacle, il suffit d'un chemin de fer pour le faire disparaître...

L'effort financier dépasse-t-il les moyens de la France ?

La dépense est évaluée à deux milliards et elle peut être considérablement réduite par l'utilisation des prestations en nature fournies par l'Allemagne en exécution du plan Dawes. Mais en regard des dépenses, il faut aussi placer les profits. Le Transsaharien assurera la mise en valeur des riches territoires de la boucle du Niger, il apportera la vie à l'Afrique occidentale, à l'Afrique équatoriale. La colonisation à grand rendement y est impossible dans l'état actuel des choses. En l'absence de moyens de communications rapides, permettant de se rendre confortablement de la Métropole ou d'Algérie au Niger et vice versa, enlevant aux voyageurs le sentiment qu'ils vont au bout du monde et s'éloignent à jamais des leurs et de la Mère Patrie, les initiatives demeureront rares pour aller chercher fortune dans le Continent noir et les richesses naturelles que celui-ci possède ne seront pas mises totalement au service de la Mère-Patrie. On n'aura que des essais fragmentaires, des efforts isolés, témoins perdus dans l'immense brousse de ce que l'on pourrait obtenir de la terre africaine avec un peu d'audace et de clairvoyance.

Le chemin de fer doit précéder la colonisation et non pas la suivre...

Il n'est pas téméraire d'affirmer que le Transsaharien pouvant les rendre à destination en trois jours, l'Algérie, où s'est formée une race de colons magnifique, entreprenante, énergique, opiniâtre, fournirait un large contingent de pionniers expérimentés et ingénieux qui ne trouvent déjà plus ici toutes les terres que réclame leur ardeur au travail.

Et puis, croit-on vraiment que la solution de la crise financière sera obtenue dans la stagnation des activités françaises ?

Le seul règlement d'une dette écrasante de 300 milliards épuisera le pays si ses facultés productrices ne sont pas accrues, si on ne lui crée pas de nouvelles sources de richesses, si on ne lui ouvre pas de nouveaux débouchés.

La France n'a pas échappé à la loi fatale qui emporte toutes les grandes nations vers l'industrialisation. Or une vague de nationalisme économique déferle sur le monde, en dépit de toutes les conférences. Tous les peuples se ferment aux importations, s'isolent derrière des barrières protectrices. Notre industrie est vouée tôt ou tard à la surproduction, c'est-à-dire à un désastre, si on réduit sa clientèle à la consommation intérieure. Par la mise en valeur des colonies, on lui procurera de nouveaux marchés grâce auxquels on assurera un travail régulier, à une foule d'ouvriers.

En même temps se pose le redoutable problème des matières premières, car le corollaire du protectionnisme à outrance est la rétention des matières premières. On sait, d'autre part, l'influence de ce qu'on appelle la balance commerciale sur la santé monétaire d'un pays. Nous nous condamnerions à être les éternels tributaires de l'étranger, à subir les spéculations des trusts internationaux, quand nous avons des colonies pour alimenter nos usines ?

Les hommes politiques, les économistes qui conjurent les Français de tourner leurs regards vers les colonies, sont dans la vérité. Les charges financières de la France seront réduites de moitié, le jour où elle aura doublé son chiffre d'affaires et elle ne peut y parvenir que par la mise en valeur de son domaine d'outre-mer.

Les Etats-Unis, qui ont connu des malheurs analogues aux nôtres, nous ont donné un admirable exemple de redressement. En 1865, après la guerre de Sécession qui avait mis aux prises les Etats du Nord et les Etats du Sud, ils se sont trouvés exactement dans la situation dont nous souffrons. Le dollar était déprécié comme le franc. C'est à la mise en valeur de leur sol et de leur sous-sol qu'ils ont demandé le remède : c'est alors qu'ils ont construit le Transcontinental entre l'Atlantique et le

Pacifique, en vue de l'exploitation des richesses du Far West, qui n'était alors qu'un désert torride. Ils n'ont pas attendu la colonisation du Far West pour établir le chemin de fer ; ils ont établi le chemin de fer pour coloniser le Far West et la réussite a été prodigieuse.

La France, elle, pays de vieille civilisation, tire déjà le maximum de son sol et de son sous-sol ; ses seules possibilités d'expansion se trouvent dans ses colonies et, parmi celles-ci, l'Afrique noire peut connaître une splendide prospérité, si on l'anime, si on lui donne le mouvement et la force par le Transsaharien.

A d'aussi pressantes raisons d'ordre économique viennent s'ajouter d'impérieuses considérations de défense nationale.

Où la France, de 1914 à 1918, a-t-elle recruté ses combattants coloniaux ? Dans l'Afrique du Nord et dans l'Afrique noire. Qu'une nouvelle guerre éclate, elle aura encore la possibilité de transporter ses effectifs nord-africains, en concentrant sa flotte dans la Méditerranée. Mais comment assurera-t-elle le passage des contingents de l'Afrique occidentale ? Par l'Atlantique ? Un bateau sur dix arrivera à destination. Il a fallu la protection de toutes les flottes des Etats-Unis et de l'Angleterre pour amener en France l'armée américaine. Aurons-nous encore ces flottes à notre disposition ? Ce serait une folie de se reposer sur une aussi fragile hypothèse. De plus, le progrès aura rendu plus redoutable encore l'arme sous-marine.

Nous voulons la paix de toute notre âme, mais notre loyauté, notre bonne foi, notre humanité ne suffisent pas pour nous la garantir. Si reluisantes soient les promesses qu'on nous fera, si solennels les engagements qu'on nous accordera, une angoissante incertitude pèsera toujours sur nous.

L'Angleterre et les États-Unis nous ont refusé le pacte de sécurité promis à Versailles en 1919 et nous n'avons plus que Locarno.

En 1935, au plus tard, nous évacuerons la Rhénanie et la barrière du Rhin ne sera plus invulnérable.

Nous allons établir le service d'un an, reposant sur la constitution d'une forte armée coloniale. La faiblesse de notre natalité nous oblige à chercher des soldats partout.

Ah ! vraiment, le Conseil supérieur de la Défense nationale donne la preuve d'une patriotique vigilance en insistant fermement, chaque année, depuis 1923, pour la construction du Transsaharien.

Quand on considère à la fois les nécessités économiques et les nécessités de sécurité qui nous étreignent, on ne peut pas ne pas l'approuver et souhaiter, de tout son cœur de Français, qu'il soit bientôt suivi, que le Gouvernement prenne résolument en mains le projet du Transsaharien et que le Parlement donne enfin sa consécration à une grande œuvre qui accroîtra et affermira la richesse, la force et la puissance de la France.

Sur la couverture de ce livre, nous avons posé la question : **Faut-il faire le Transsaharien ?** La réponse n'est pas douteuse. Elle s'impose à nos consciences, par intérêt, par prudence, par sagesse, par patriotisme. De quel prix ne pourrions-nous pas payer, de quels sacrifices, tout au moins de quelles épreuves, une hésitation aveugle, une paresse lamentable, une indifférence coupable ? La France de 1914, la France de la victoire ne se laissera pas aller à cette défaillance :

ELLE FERA LE TRANSSAHARIEN ET ELLE LE FERA PAR L'OUEST.

Oran, 24 septembre 1927.

TABLE DES MATIÈRES

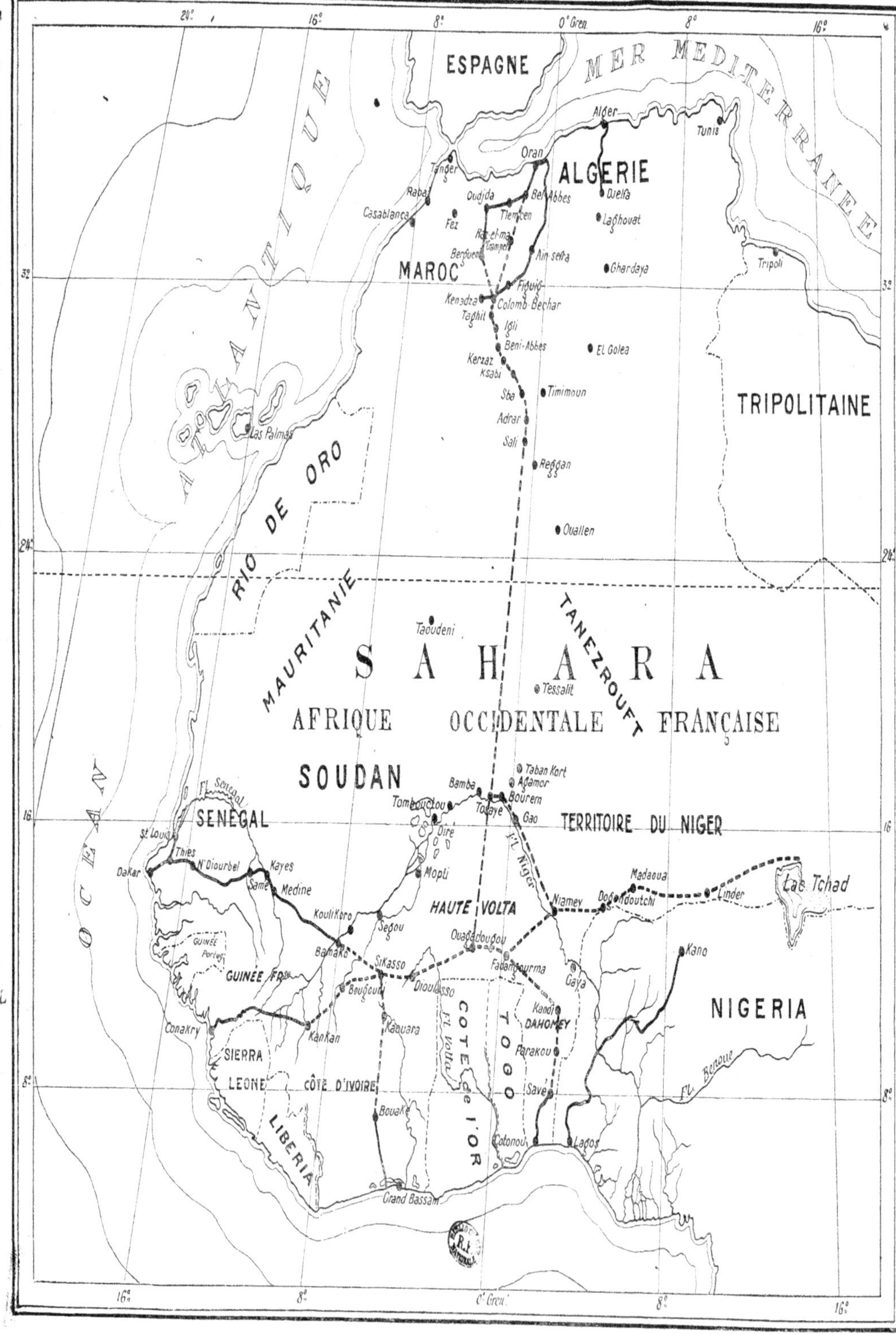

ESPAGNE
MER MÉDITERRANÉE
Alger
Tunis
Oran
ALGÉRIE
Tanger
Rabat
Oudjda
Bel Abbes
Djelfa
Casablanca
Tlemcen
Laghouat
Fez
Ras el ma
Tsampen
Ain-sefra
Berguent
Ghardaya
Tripoli
MAROC
Figuig
Kenadza
Colomb-Béchar
Taghit
Igli
Beni-Abbes
El Golea
Kerzaz
Ksabi
TRIPOLITAINE
Sba
Timimoun
Adrar
Sali
Reggan
Ouallen
RIO DE ORO
MAURITANIE
TANEZROUFT
Taoudeni
S A H A R A
Tessalit
AFRIQUE   OCCIDENTALE   FRANÇAISE
SOUDAN
Taban Kort
Bamba
Agamor
Fl. Sénégal
Tombouctou
Bourem
SÉNÉGAL
Togaye
Gao
TERRITOIRE DU NIGER
St Louis
Diré
Thies
N'Diourbel
Kayes
Mopti
Madaoua
Dakar
Samé
Medine
Zinder
Lac Tchad
Fl. Niger
KouliKoro
HAUTE VOLTA
Niamey
Dogondoutchi
GUINÉE
Portug.
Ségou
Ouagadougou
GUINÉE FR.
BamaKo
SiKasso
Fada N'Gourma
Kano
Dioulasso
Gaya
Beugouni
Kandi
NIGERIA
Conakry
Kaouara
DAHOMEY
Kankan
Parakou
SIERRA
Fl. Volta
LEONE
CÔTE D'IVOIRE
CÔTE de l'OR
Save
TOGO
Bouaké
LIBERIA
Cotonou
Lagos
Fl. Bénoué
Grand Bassam
OCÉAN   ATLANTIQUE
32°
24°
16°
24°
16°
8°
0° Gren.
8°
16°

www.ingramcontent.com/pod-product-compliance
Lightning Source LLC
LaVergne TN
LVHW050738200726
843507LV00001B/38